高效布置任务的27个方法

图解版

[日] 出口治明 / 著　李战军　姜茉然 / 译

図解部下を持ったら必ず読む「任せ方」の教科書

人民邮电出版社

北京

图书在版编目（CIP）数据

高效布置任务的27个方法 ／（日）出口治明著；李战军，姜茉然译. -- 北京：人民邮电出版社，2019.11（2023.3重印）
ISBN 978-7-115-49836-6

Ⅰ. ①高… Ⅱ. ①出… ②李… ③姜… Ⅲ. ①人才管理—管理方法 Ⅳ. ①C962

中国版本图书馆CIP数据核字(2019)第083873号

版 权 声 明

内 容 提 要

俗话云"一将无能累死三军"，不管是政府部门还是企事业单位，管理者的领导能力将直接影响所在部门的团队建设、员工积极性的发挥。如何用人、如何授权、如何组建团队的领导艺术始终是困扰各级管理者的难题。本书围绕以上难题，将作者多年担任管理者学到的经验毫无保留地介绍给读者，希望对身为管理者的读者有所裨益。

本书内容图文并茂，语言浅显易懂，既适合已身为管理者的职场人士阅读，也适合希望了解并提高自身领导力的其他职场人士阅读。

◆　著　　　　　[日]出口治明
　　译　　　　　李战军　　姜茉然
　　责任编辑　　郭　媛
　　责任印制　　周昇亮

◆　人民邮电出版社出版发行　　北京市丰台区成寿寺路 11 号
　　邮编　100164　电子邮件　315@ptpress.com.cn
　　网址　http://www.ptpress.com.cn
　　北京虎彩文化传播有限公司印刷

◆　开本：850×1100　1/32
　　印张：4　　　　　　2019 年11月第 1 版
　　字数：99 千字　　　2023 年 3 月北京第 5 次印刷
　　　著作权合同登记号　图字：01-2017-6260 号

定价：39.80 元
读者服务热线：(010)81055296　印装质量热线：(010)81055316
反盗版热线：(010)81055315
广告经营许可证：京东市监广登字 20170147 号

只有将工作交给多样化的人才，公司才会发展

为什么作为CEO的我被员工称为"傻董事长"呢？

无论是现在，还是过去在日本人寿保险互助公司就职的那些年，我都被下属调侃过"出口先生有点傻吧"。

我现在是日本 LifeNet 人寿保险株式会社的董事长兼 CEO。换句话说，我也是组织的最高层呢。

话虽如此，我的下属好像对我这个公司高层并不感冒。

20 多岁、30 多岁的年轻员工对着我这个 60 多岁的 CEO 毫不客气地说"出口先生，你错了吧""出口先生，你刚才说什么了"。为什么我会允许我的下属说"出口先生有点傻吧"？

对于日本 LifeNet 人寿保险株式会社相关的网络沟通、PR（公共关系活动）、宣传战略等，我从不干涉。

为促进商务活动的发展，需要借用他人的力量

✗ 把所有问题都自己扛

任务 C
任务 B
任务 A
任务 D

嗖
晕晕乎乎
晕晕乎乎
跄跄跄跄

这样可干不完呀……

一个人无法完成很多任务

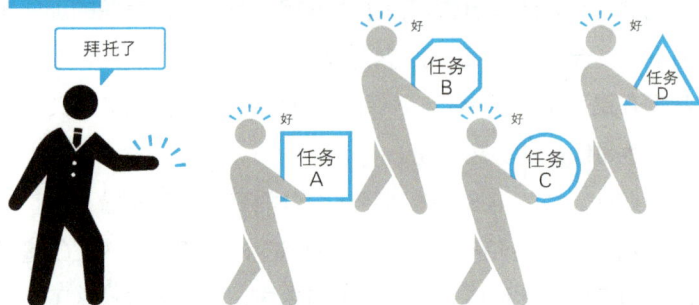

◎ 信任下属，将任务布置给他们

拜托了

好
任务 B

好
任务 D

好
任务 A

好
任务 C

只有将任务布置给多样化的人才，公司才会取得发展

甚至当有人要求我模仿一下搞笑艺人小衫那句流行语"很狂野吧"时，我也都照做了。

为什么我要按照下属说的去做呢？

其理由是，我深信：无论性别、年龄、国籍，冲破人与人之间的羁绊非常重要；只有将任务布置给多样化的人才，公司才会取得发展。

如果身居高位的人变成了不接受下属意见的《皇帝的新装》中的光腚皇帝，组织内也势必会出现趋同化倾向。这样有趋同化倾向发展的组织，不久必将被时代的变迁淘汰。

另外，并不是我贬低自己，而是我有自知之明——出口治明是与大家一样的人（人皆平等）。

没有很聪明的人，也没有很笨的人。大家都是一样的。

我始终属于那种众生平等主义者（大家都是一样的）。

我认为人类的能力是有限的，人群中并无特别聪明的人，也没有很笨的人。大家都是一样的。

人即使相互之间多少有些能力、素养不均衡，但相差并没有那么悬殊。无论董事长、经理还是一般员工，大家都是一样的。即使是非常优秀的人才，也并不能保证成为"全胜将军"。

与别人相同的是每个人所能做的事情是有限的。

无论想做成什么事情，单枪匹马做不成。要想促进商务活动发展，必须懂得借用他人的力量。每个人的能力、时间都非常有限，没有人能够掌控一切。

正因为这样，要懂得放手；正因为这样，要组建优势互补的团队。

在我外出演讲时，经常有人问我下面这些问题。

"出口先生，你在知名大企业就职……，你在金融行业这种要求很严的企业上班……，你已经60多岁了吧……，却这么平易近人，这是为什么呢？"

为什么呢？这是因为无论是什么样的下属我们都要信任他们，把任务交给他们去做，这才是领导（经理）要掌握的秘诀。这是我从人、书、旅行（广交朋友、读万卷书、行万里路）中学到的（后面会给大家详细阐述）。

如果我们细究起来，可以发现所谓管理其实就是布置任务。

管理的本质就是，仔细弄清楚现在"风"在朝着哪个方向吹，社会将会朝着什么方向发展，从而将任务布置给那些紧跟时代步伐的人才。

那么，如何使用人才呢？

怎样布置任务才更好呢？

这些问题的答案就在本书中。

如果您能通过阅读本书，找到"如何用人，如何布置任务，如何组建团队"这些重要问题的启示，从而组建起战斗力很强的团队，我将荣幸之至。

日本LifeNet人寿保险株式会社

董事长兼CEO　出口治明

第 1 章　当升任领导时，请创建有效布置任务的体系

目　录

第2章 管理能力强的领导始终采取适当的布置任务方法

第3章 不能既当队员又兼领队

第4章 依靠领导力量，切实提高团队实力

当升任领导时，请创建有效布置任务的体系

① 成为好领导的第一步：知晓管理能力的极限

只能够对2～3个下属进行详细指导

如果想对下属的工作逐一进行详细指导，那你不可能成为好领导。

直截了当地说，其理由之一便是人类的能力有限。这里所说的人类并不是指下属，而是指领导。

无论是多么优秀的领导，如果对下属任何事情都要详细指导，最多只能管理2～3人。

例如，管理着很多下属的领导如果不明白人类的能力有限且其管理能力最多也就能管理2～3人，那么他的团队将一无是处。

也许有人说"不，我能够对5个以上的下属进行详细指导"，这样的组织很可能已经开始跑偏了。

领导能够详细指导的人数最多也就2～3人，他们对于超过这个人数的下属是无暇顾及的。因此，对于无暇顾及的下属，只能依据他们呈交上来的报告对其工作做出判断。

没有必要对下属的工作进行详细指导

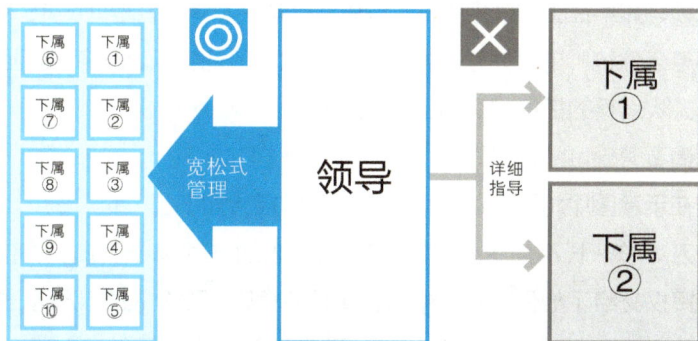

下属⑥ 下属①

下属⑦ 下属②

下属⑧ 下属③ 宽松式管理 ◎ 领导 详细指导 → 下属①

下属⑨ 下属④ × 下属②

下属⑩ 下属⑤

领导如果任何事情都想进行详细指导，最多只能管理 2~3 人，当下属人数剧增时要进行宽松式管理

但是，如果领导只是依赖于下属呈交上来的报告，则无法做出正确的判断：因为下属会逐渐只做领导喜欢的报告。

我刚在日本LifeNet人寿保险株式会社就职时只有一个下属。

我自认为对其举手投足都需要进行详细指导，但随着下属人数的增多，我就没有那么多的时间去逐一进行耐心指导，必须得想点什么办法才行啊。于是，我决定不再对下属进行详细指导。

说得严重点，是因为我看到了人类能力的极限。因此，我改变思路，争取进行宽松式管理，均衡管理10个人。

管理好10个人，轻松统率1万人

　　领导如果在工作过程中能不过分钻牛角尖，则可管理10～15人。

　　忽必烈统帅的军队号称最强军事组织。他能够获此殊荣的原因就是将各队士兵的指挥权交给了各队队长。

　　请看第5页的示意图。

　　在示意图中将军队的组织架构图简单描绘如下。

　　万人总队长掌控着分别管理1000个人的10个队长下属，将部队的指挥权交给了他们。千人中队长掌控着管理100个人的10个队长下属，将部队的指挥权交给了他们。百人分队长掌控着管理10个人的10个队长下属，将部队的指挥权交给了他们。最后，十人队长管理着10名士兵……

　　如上所示，以10人为单位进行考虑，并委任各队队长权限，因此才能轻松统率1万名士兵。

成为能干的领导

布置任务方法 POINT（要点）

1 领导最多能管理 2～3 名下属

2 如果不过分钻牛角尖，则可管理 10～15 名下属

3 军队以 10 人为一组，创建了军事组织

军队的"万人队长"——如何委任权限

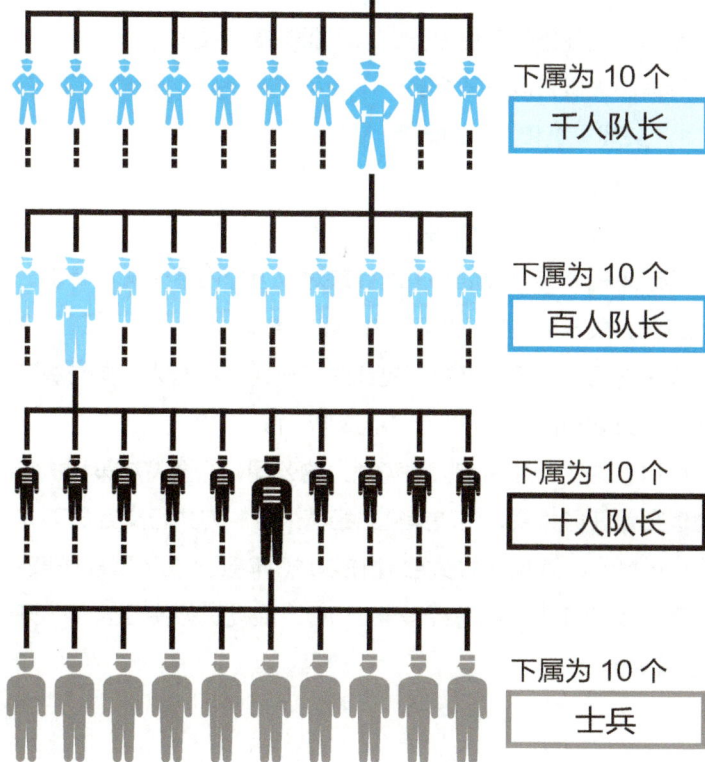

下属为 10 个
千人队长

下属为 10 个
百人队长

下属为 10 个
十人队长

下属为 10 个
士兵

② 将决策与执行分离

实现决策和执行的分离

创建布置任务体系后为什么公司能够变得强大?

其理由大概有以下三个。

1. 实现决策和执行的分离

2. 提高对多样性的认识

3. 可应对全球经济的变化

听起来稍微有点晦涩,下面我来对以上理由逐个进行解说。

首先,关于1. 实现决策和执行的分离。

以往的日式经营特征之一是让生产一线的优秀人才参与决策。但实际上,决策和执行需要完全不同的能力。

所以,为了创建具有很强竞争力的公司,需要将决策和执行分开来创建布置任务体系,将决策交给经营人才,将执行交给员工。

LifeNet人寿保险株式会社在2013年新设立了董事长兼CEO(最高决策责任人)和总经理兼COO(最高执行责任人),开始过渡到双领导体制。

将决策和执行分离

一把手负责制

执行

兼任这么多工作很辛苦……

决策

人非圣贤，很难兼任不同的工作

明确责任分担

双领导体制

COO

执行由我来做！

执行

CEO

决策交给我！

决策

可实现具有透明性和公平性的公司经营

这也是为了明确责任和权限，将决策和执行分离。

- CEO：对确定公司的方针负有责任
- COO：对执行公司的业务负有责任

在股东大会及董事会上，确定公司的方针是CEO（我）的责任。

另外，实际执行已确定方针的是COO（岩濑大辅）的责任。

例如，如果企业收购失败，就是CEO的责任。因为确定收购方针的人是CEO。

如果在业务处理上存在失误，则是COO的责任。因为负责执行的COO在具体实操环节的管理不到位。

诸如此类，通过将决策和执行分离，可实现透明、连贯的经营。

决策权掌握在一个人手里的优势

日本人喜欢集体讨论、集体决策（事前征求意见制度）。但是，采用事前征求意见制度将使确定方针的进程严重滞后。另外，随着事前征求意见表上印章数量的增加，将很难对由谁负责决定进行界定。

【事前征求意见制度的缺点】

- 决策花费过长时间；
- 责任界定将模糊不清。

因此，应该由具有决策权的人员独自做出决定。

决策和执行需要不同的能力。"优秀的运动员不一定能成为好教练"这句话放之商界亦精准。

希望大家谨记
出口治明的
建议！

LifeNet人寿保险株式会社的董事会（由5名常务董事和4名公司外部董事共计9名董事构成）采用少数服从多数原则做出决定，但假设除议长（我）之外的8名董事意见相左为四比四，将只能由身为CEO的我负责做出决定。

也就是说，最终将决策的权限委任给了我一个人。

事先征求意见制度的缺点

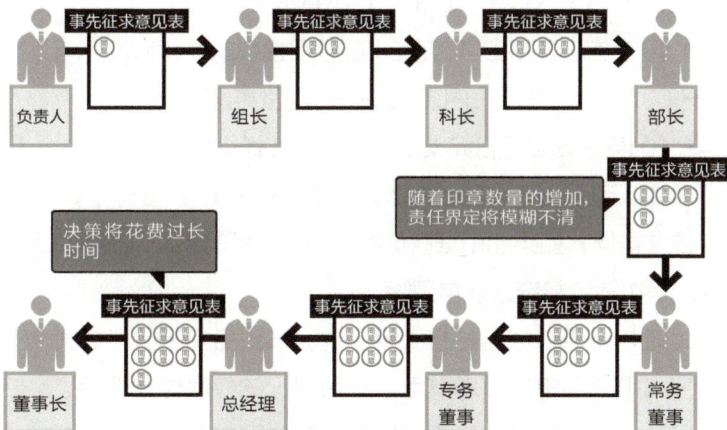

负责人 → 事先征求意见表 → 组长 → 事先征求意见表 → 科长 → 事先征求意见表 → 部长

随着印章数量的增加，责任界定将模糊不清

董事长 ← 事先征求意见表 ← 总经理 ← 事先征求意见表 ← 专务董事 ← 事先征求意见表 ← 常务董事

决策将花费过长时间

③ 事先确定权限范围

谁决策什么，到什么层次？

对董事会决策起执行作用的是COO，但是如果所有业务都让COO一个人承担显然很不现实。因此，需要创建将部分职责权限委派给下属员工，使其分担业务的体系。

委任权限前，我们如果从金额角度来考虑权限范围则非常通俗易懂。

假设：

- 3000万日元以上支出的项目由董事会决策；
- 1001万～3000万日元支出的项目由COO决策；
- 501万～1000万日元支出的项目由常务董事决策；
- 101万～500万日元支出的项目由部长决策；
- 100万日元及以下支出的项目由科长决策。

依此类推，如果能根据职位的不同、金额的不同确定权限范围，那么谁是决策者将变得非常清晰。

此时，如果在规定的权限范围内，该业务负责人则无须将相应业务报上级领导审批，即其可以按照自己的权限做出决策。

因此，企业为了明确责任归属或者为了提高决策的速度，应该让各级领导干部都知晓业务权限范围。

事先确定权限范围，可提高效率

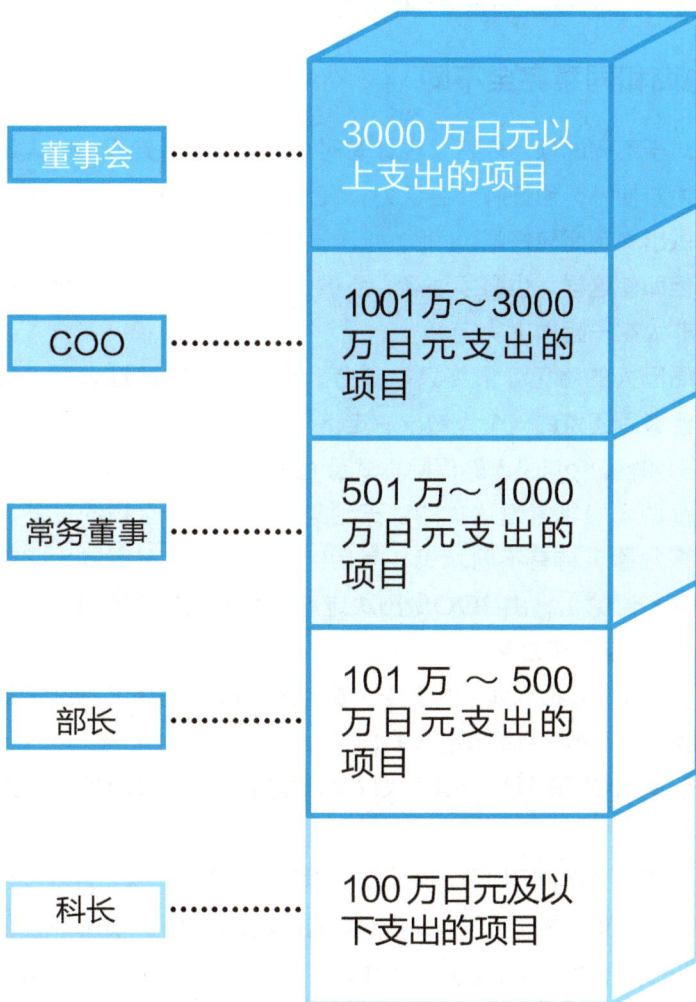

董事会	‥‥‥‥‥	3000 万日元以上支出的项目
COO	‥‥‥‥‥	1001 万～3000 万日元支出的项目
常务董事	‥‥‥‥‥	501 万～1000 万日元支出的项目
部长	‥‥‥‥‥	101 万～500 万日元支出的项目
科长	‥‥‥‥‥	100 万日元及以下支出的项目

如果不事先明确"谁决策什么，到什么层次（多大的金额）""自己应负的责任该到什么层次"等这类决策时的规则，无论是布置任务的一方，还是接受任务的一方，都无法全神贯注于业务。

协商和同意完全不同

对于不同的项目内容，也许有时会认为如果决定权由一人掌握会不太方便吧；也许有时会认为，经过大家协商，参考周围人的意见再做出决定比较好吧。

但即使这样，也必须注意，所谓协商只不过是大家互相讨论，而并非大家一起做出决定。

周围人的意见，最终只是参考。协商的规则就是大家进行讨论，但最后还是由一个人做出决定。

例如，LifeNet人寿保险株式会社的常务董事会对执行业务进行协商的场景常常是这样的。无论某董事做出什么样的发言，还是大多数董事持有不同意见，最后结果仍然是，已经过大家的集体协商（讨论），由COO做出决定即可。即使其他董事反对，对COO的决定也无力回天。

虽说如此，根据项目的重要性或金额的不同，也可以采用将批准权限委任给不属于决策者的人的方法。

所谓批准权限其实也是否决权限，是为了光明正大地做出决定所需的权利。

例如，事先制定规则，要求对于跨部门的事业预算，需要经过财务部长的批准。这样一来，即使是具有决定权的领导，如果不能获得财务部长的批准，也不能开展工作。

协商的规则是大家进行讨论，由一个人做出决定

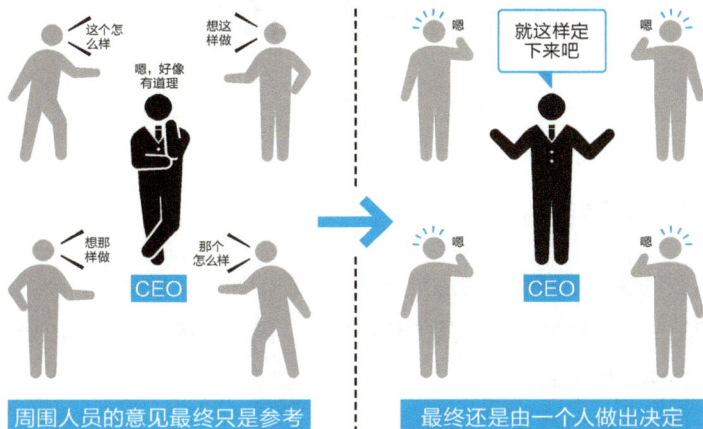

这个怎么样

想这样做

嗯，好像有道理

想那样做

那个怎么样

CEO

嗯

就这样定下来吧

嗯

嗯

嗯

CEO

周围人员的意见最终只是参考

最终还是由一个人做出决定

成为能干的领导

布置任务方法 POINT

1 将部分职责权限委派给下属，让其分担业务

2 布置任务时，让全体员工知晓权限范围

3 协商和决定分离。协商的规则是大家进行讨论，但最后由一个人做出决定

④ 对于科长的决定，部长不许指手画脚

你有这种权限感吗？

委任权限、布置任务后要牢记一个重要原则。那就是，一旦委任了权限，该权限就成为下属的专有权限，即使是领导也不可以对其权限内的决定指手画脚。

假设我们制定了如下规则：

101万～500万日元支出的项目由部长决定；

100万日元及以下支出的项目则由科长决定。

届时，100万日元以下的决定权就是科长的固有权限，即使是作为主管上级的部长也不可影响科长的决定。

当科长决定以50万日元购买A公司生产的复印机时，部长不能命令科长说"我不喜欢A公司，所以买B公司的复印机"。我们不能靠剥夺科长的权限使其听从部长的决定（但是，如果公司制定的章程中写有"购买复印机时需要征得部长同意"，则部长可以否决该购买决定）。

领导（权限委任方）应有的权限感

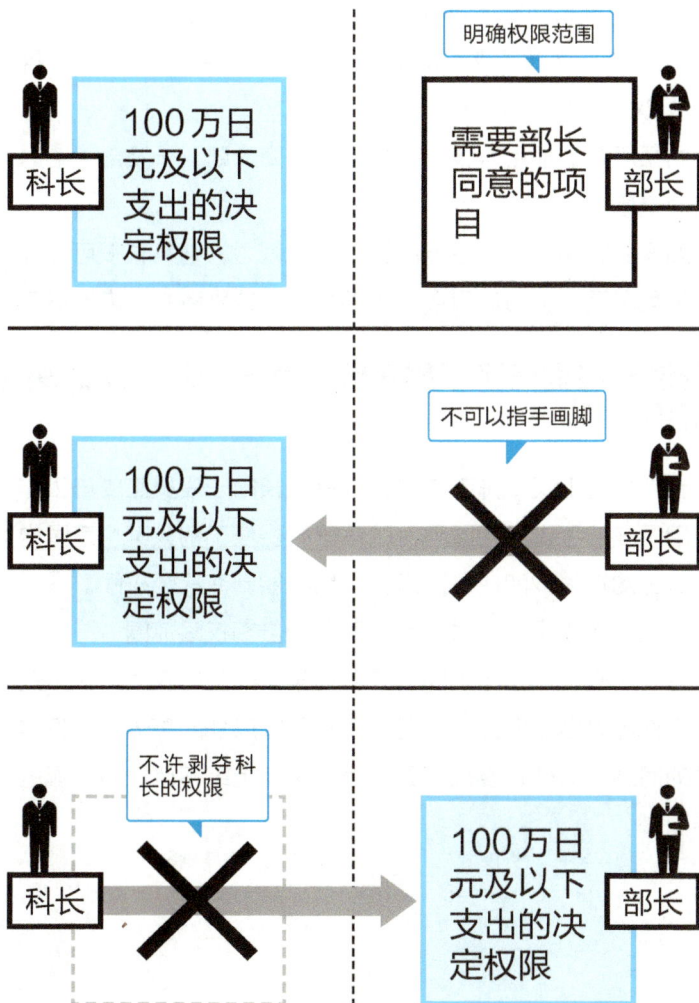

科长　100 万日元及以下支出的决定权限

明确权限范围

部长　需要部长同意的项目

科长　100 万日元及以下支出的决定权限

不可以指手画脚

部长　✕

不许剥夺科长的权限

科长　✕

部长　100 万日元及以下支出的决定权限

15

当科长不在公司时，部长可以代为做出决定。

而当科长在公司时，只有科长具有相应决定权。

如果不事先制定"部长不可以对科长做出的决定（委任科长的100万日元及以下支出的决定权）指手画脚"的规则，科长则无法放心大胆地推进工作。

如果所有的项目科长都要找部长协商，则科长及部长的时间都将被浪费殆尽。

如果头脑中存在不想被部长批评的观念，则科长很可能变成阿谀奉承型员工。因为他只会按照部长喜欢的协商方式来推进工作。

既然已经委任了下属权限，就不要对下属的决定指手画脚

当科长向组长安排工作时，或是组长向一般员工安排工作时，也适用同样的考虑问题原则。既然已经委任了别人某个范围内可以自己做主的权限，即使是董事长，也不能剥夺这个权限。

因此，在布置任务时，首先要明确告知权限范围。

需要明确告知如下规则：给予你某个范围的权限，权限范围内的事情你可以自己做主。但是，权限范围以外的事情需要征得主管上级的同意。另外，委任下属权限的主管上级不可以对下属的决定指手画脚。

将相应权限委任给别人后，即使是总经理也不能剥夺这个权限。

希望大家谨记
出口治明的
建议！

一旦将权限委任给了对方，就不能再将其剥夺。

并不是说你是主管上级你就是全能的。

上级不能代替下属行使职权（下属不在时除外）。

委任方必须时刻牢记这些非常重要的权限感。

虽说你是主管上级，但你也不是全能的

✕ 下属的权限包含在领导的权限之内

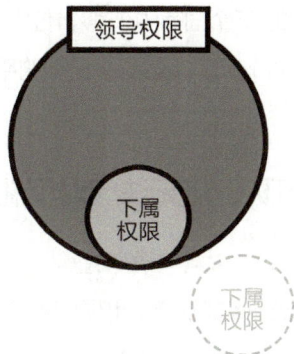

领导权限

下属权限

下属权限

◎ 下属的权限作为下属专享权限而受到保护

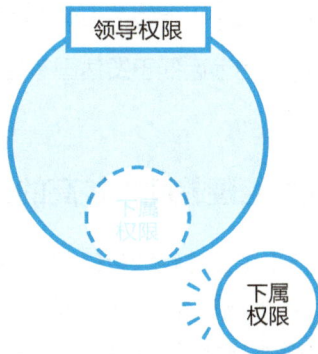

领导权限

下属权限

下属权限

⑤ 敢于向特殊员工布置任务的迫切理由

提高对于多样性的认识

欧美国家正在推进企业经营层的多样性，其象征之一就是起用女性。

近年来，西班牙、法国、比利时、荷兰、加拿大和澳大利亚等国家已经通过立法规定了性别配额制（企业有义务起用一定人数的女性董事）。挪威最为积极，已率先立法规定股份有限公司的女性董事比例要达到40%。

美国咨询公司GMI Ratings对世界各国企业中女性董事比例进行了调查。结果发现，日本企业（共调查了447家公司）中女性董事比例仅为1.1%，属于世界较低水平（在所调查的45个国家中列第44位）。

该比例远远低于发达国家的平均值11.8%、发展中国家的平均值7.4%。

如果组建趋同性较高的经营团队，将无法应对变化

日本企业的经营管理层大多是由通过年功（年限和业绩）序列培养出的"大叔"们担纲。经营管理层的多样性较差，也就是说，趋同性越严重，越将导致企业结构改革的滞后。

日本企业中女性董事比例远落后于世界平均水平

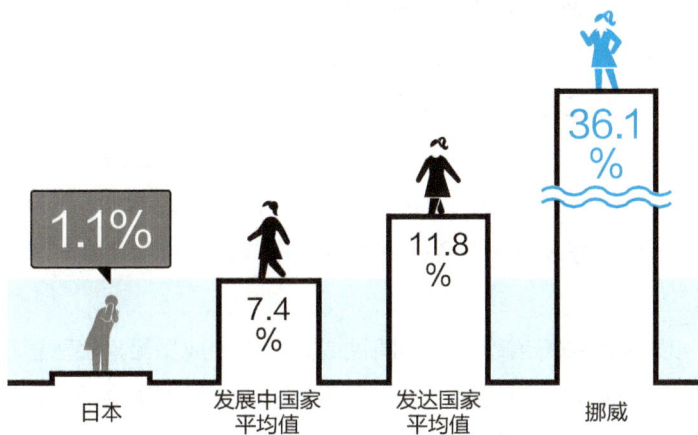

| 1.1% | 7.4% | 11.8% | 36.1% |
| 日本 | 发展中国家平均值 | 发达国家平均值 | 挪威 |

　　说得极端一点，欧美国家企业积极推进起用女性员工，是因为他们明白了支撑消费的主力是女性。甚至有调查数据得出的结论表明，世界消费份额的64%由女性支配。

　　既然大部分消费者是女性，那么生产消费产品的企业当然需要起用女性。

　　我们很难想象通过年功序列培养出的"大叔"们能了解女性的心理。因此，将任务布置给女性员工应该更能拉动消费。

　　如果过于坚持趋同化，企业必将变得僵硬保守。

　　如果是面向女性销售，则将任务布置给女性，如果是面向外国人销售则布置给外国人，如果是面向年轻人销售则布置给年轻人。只有超越性别、年龄、国籍的限制，将任务布置给多样化的人才，企业才能不断壮大。

掌管LifeNet人寿保险株式会社的IPO（公开募股）策划部部长，当时只有32岁。有一次会议结束后他走到我这里，对我说："出口先生，你刚才的说法是什么意思？""这种说法会挫伤我们的积极性""下次请这样说"。

如果策划部部长是由50多岁、60多岁的大叔担任，他就会很在意我的感受，不会直言不讳地说出32岁部长想说的这些话。

能够指出"皇帝没有穿衣服啊""出口先生说错了"的原因，是LifeNet人寿保险株式会社将女性、年轻人吸收到了经营管理团队中。

如果只是由高度趋同化的同性或同类别的成员组建经营管理团队，则不能很好地应对社会变化。所以说无论是董事会成员还是普通员工，都要彻底贯彻多样性原则，用多样性人才组建管理团队。在今后的企业中，需要将权限委任给不同群体的员工，并将任务布置给他们。

成为能干的领导

布置任务方法 POINT

1 既然有很多女性消费者产生相应的市场需求,企业一方也就更需要女性员工

2 只有超越性别、年龄、国籍的限制，将任务布置给多样化的人才，公司才能不断壮大

3 如果组建趋同性较高的团队，则不能很好地应对社会变化

多样性原则贯彻较好的公司，能够应对市场的需求

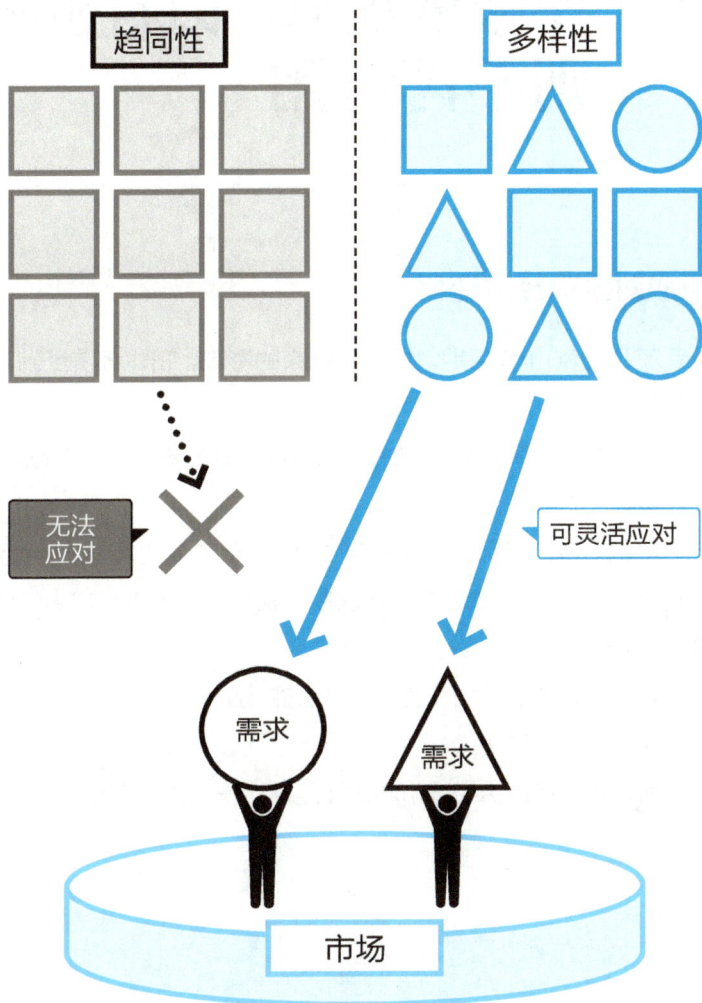

趋同性

多样性

无法
应对

可灵活应对

需求

需求

市场

⑥ 在足球比赛变为职业摔跤的时代，以往的规则不再适用

可应对全球经济变化

　　受20世纪80年代后期"冷战"结束的影响，日本经济受到了很大的冲击。

　　在"冷战"结束之前，自由经济市场只是日本、美国及欧洲10亿人之间进行的游戏。

　　"冷战"结束后，日本在自由市场经济中的竞争选手数量突然猛增。东南亚、非洲的一些国家也相继加入进来，自由经济市场的竞争人数由10亿人增长到50亿人。

　　竞争选手人数的增加，会带来什么变化呢？

　　游戏规则发生了变化。

　　下面，我们将自由经济市场比作足球比赛来进行探讨。

　　足球比赛是11名选手对11名选手的体育活动。

　　但是，在足球比赛场地不变的情况下，选手人数增加为50名选手对50名选手时，情况会如何呢？

　　足球场上有100个敌我双方人员，你推我搡，拥挤不堪，导致根本无法传球。

　　可能还会演变成职业摔跤比赛吧！

　　在足球比赛演变成类似职业摔跤比赛的时代，采用以前的规则是行不通的。

　　所谓全球化，一言以蔽之，是指游戏规则发生了变化。

　　也就是说，如果不探索新的游戏规则，不将任务布置给新人，不采用与以往不同的战术，我们将很难再获胜。

足球比赛演变为职业摔跤比赛的时代，需要新的人才

足球比赛时代

职业摔跤比赛时代

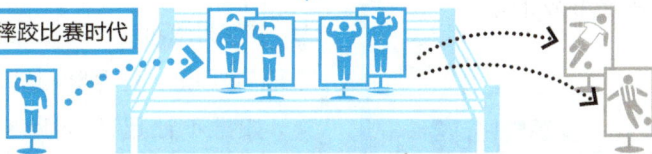

让足球运动员退场，起用职业摔跤手才是正确的选择

职业摔跤台上更需要职业摔跤手，而不是足球运动员

随着游戏规则发生变化，各市场上期望的产品和服务规格当然也将发生变化。

例如，发展中国家市场上期望的家电产品性能可能是：

（1）可以满足基本需求；

（2）价格低廉，便于购买；

（3）不容易损坏。

将高附加值、昂贵的商品原封不动地照搬到发展中国家销售，就等同于虽然已经将足球场地改造成了职业摔跤台，但实际上还是在上面推搡着传球。

既然游戏规则发生了变化，如果我们不能牢记新的规则，没有将任务布置给新的人才，那么我们将很难获胜。

希望大家谨记
出口治明的
建议！

要知道，在职业摔跤台上不仅不能传球，还有可能被打倒。

只将擅长传球的选手（趋同化选手）会聚一堂的团队，是不能在职业摔跤比赛中获胜的。

在改造成职业摔跤台的足球场上，要想打败对方，就必须贯彻团队的多样性原则，起用职业摔跤手。

如果不让足球选手坐到长凳上，改派职业摔跤手上场，则无法应对焕然一新的市场规则。

布置任务体系的三个优势

1 实现决策和执行的分离

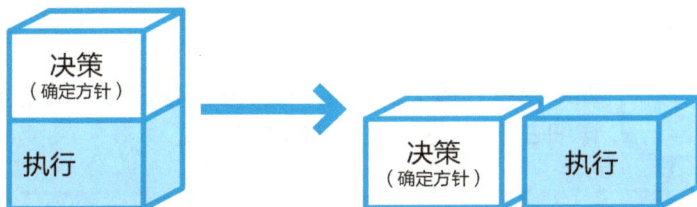

决策
（确定方针）

执行

→

决策
（确定方针）

执行

2 提高对多样性的认识

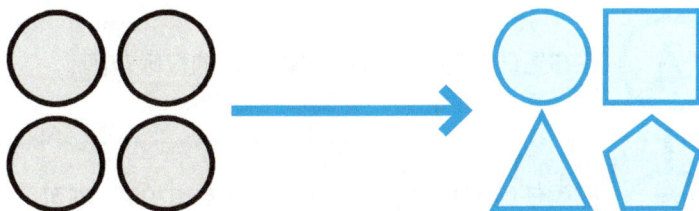

3 可应对全球经济的变化

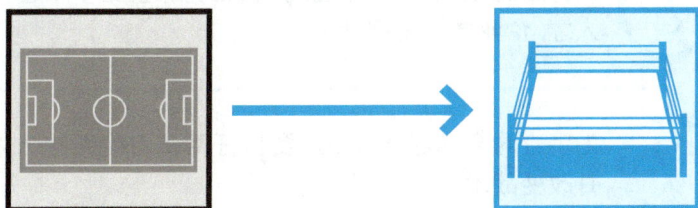

第**1**章　当升任领导时，
请创建有效布置任务的体系　**总 结**

1 人类的能力是有限的。领导的管理能力最多能管理2~3人

2 如果已将权限委任给了下属，在工作过程中就不要详细去干涉，这才是正确的布置方法

3 只有将决策和执行分开，才可实施透明的经营

4 在布置任务时就事先定好执行人的权限范围

5 已委任给下属的权限属于下属的专有权利，不可因为是领导就指手画脚

6 只有超越性别、年龄、国籍，将任务布置给多样性的人才，企业才能发展壮大

7 为了应对全球经济变化，要将任务布置给新的人才并改变战术

26

第 2 章

管理能力强的领导始终采取适当的布置任务方法

⑦ 不明确权限范围的布置任务只能算作"放任不管"

不同的布置任务方法可以扩展下属的视野

布置任务或是放任不管，在具体做法上存在很大的差异。

- 放任不管：指示不明确

怎么做都可以，你酌情处理吧

- 布置任务：权限范围明确，指示明确

我将赋予你这些权限，希望你能做出这样的成果

布置任务是指明确权限范围，发出准确指示。下面我们以具体示例进行说明。

【布置任务类型示例】

类型1　让其在权限范围内按自己喜欢的方式安排工作

例如，想让你做一下与某某相关的演示材料，我们对此没有特殊要求，只要是在权限范围内，你可以按自己喜欢的方式汇总材料。

布置任务方法类型示例

1 让其在权限范围内按自己喜欢的方式安排工作

希望你按自己喜欢的方式完成所有工作

好的

2 布置部分任务、环节

希望你完成C工作

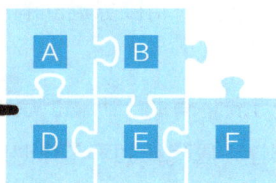

A　B

D　E　F

好的

C

3 让其代行领导的工作

希望你代替我完成工作

好的

领导的工作

领导的工作

类型2　布置部分任务、环节

例如，我正在编写与某某相关的演示材料，还缺少一些数据，想让你帮我收集一下这部分数据。我将对资料进行整理，你只要帮我找到这些数据就可以了。

类型3　让其代行领导的工作

例如，几天后有个演讲。原本应该由我来进行这项工作，但我想让你代替我做发言人。

你可能会认为，类型1中布置任务方法是让他们按自己喜欢的方式完成工作，领导不对其工作指手画脚，是不是就和放任不管一样啊？其实，这里已经明确指出，我们不会过多参与，你可以按你的想法去做，所以并非放任不管。

类型2中布置任务方法是，将商务活动的一个环节或将任务的部分内容布置给下属。

类型3中布置任务方法将有助于下属扩展视野。当你给下属布置级别稍高的任务时，即让下属代行领导工作时，下属会站到部长或科长的角度来考虑问题。例如，当你站在1楼，有些景物是看不到的，但越往上走，你的视野将越开阔，越能够看到更远的地方。二者具有异曲同工之妙。

来自重要工作的压力会成为自己的经验积累

我在日本人寿保险互助公司的一个很小的伦敦分公司工作时，受命负责500亿日元的证券运营。在3年的任期内，还另外放贷2000亿日元。

受命负责重要任务时，能扩展视野

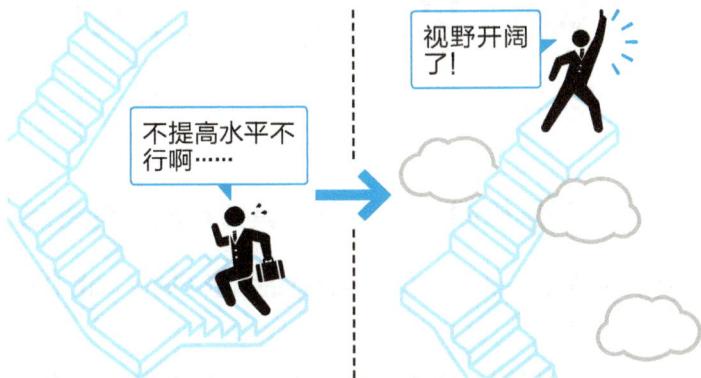

视野开阔了！

不提高水平不行啊……

责任是一种压力，但也是为将来积累经验的动力

布置任务的基础，是明确权限范围。

希望大家谨记
出口治明的
建议！

我深感责任重大。所以我竭尽全力去思考怎样将这些钱收回来。

类似这种情况，我有时也会感受到压力，但这些为我将来的职业生涯积累了丰富的经验。

当员工受命负责重要任务时，责任也变得非常重大。不管你是否愿意，都要更上一层楼。因此，员工在不知不觉中扩展了视野。

⑧ 深思熟虑指示内容，具体、明确地发出指示

除了赋予下属权限，还需发出具体且明确的指示

即使已经赋予下属权限，如果领导的指示不明确，也不能取得业绩。

领导需要发出具体、明确的指示，以避免下属不知如何去做。

例如，领导必须发出便于下属付诸行动的指示。

但是，即使领导口头传达明确的指示，有时候也不能使下属理解、领会。

很多领导会有此担心。如果有此担心，可以采用便条或邮件的形式发出指示，以便有据可查，传达以后再让下属复述一遍，从而很好地防止信息传达出现失真。

另外，接受指示的下属也需要遵守一些原则，那就是，在理解、领会之前仔细对内容进行确认。

明确的指示能确保领导与下属之间沟通顺畅。避免"领导告知下属"这样的单向沟通。只有通过领导告知下属、下属向领导汇报实现

领导和下属的关系在相互沟通中变得融洽

下属

明白了，处理与这个产品相关的事情，一个月后提交报告是吧

← 明确的指示

确认内容 →

领导

把与这个产品相关的事情处理一下，报告可以一个月后提交

最重要的是防止相互之间对信息的理解存在分歧

相互沟通，才能共同完成项目。如果下属不理解领导的指示，则下属需要反复确认，直至能够理解领导的指示内容。

尤其是中间管理层的员工，位于将收到的指示进一步传达给下属的职位，比如科长，需要将部长的指示传达给组长。换言之，中间管理层如果不能理解领导的指示，就无法对下属发出准确的指示。

另外，为了更好地获得双向沟通，我建议领导更应该积极与下属交流、联系、商量。

为什么重大故障变成了"并无异常"？

假设生产一线发生了很大的故障。

在很多大企业经常见到的场景是，生产一线的员工向科长汇报说"虽然出现了很大的故障，但生产一线可以处理"。而科长向部长汇报时又变成了"虽然生产一线发生了故障，但并没有那么严重"。

当部长向董事汇报时则说"生产一线虽然出现了点小故障，但已经解决了"，当董事进一步向董事长汇报时则说"今天并无异常"。

如此一来，虽然发生了很大的故障，但传达到董事长的耳朵里时却变成了"并无异常"——这就像耳语传真游戏（从队伍的最前方采用耳语的形式传话的游戏）。介入的人员越多，不确定性就越大，因此在这种情况下是很难明确职责的。

- 发出指示的一方：发出具体且明确的指示，以便于下属采取行动
- 接收指示的一方：多次确认直至理解指示内容，并如实进行汇报

只有当领导和下属之间都很明了指示内容，下属才能付诸行动。只有下属如实进行汇报时，领导才能据此汇报做出正确的判断。

━━━ 成为能干的领导 ━━━

布置任务方法 POINT

1 赋予下属权限，并发出明确的指示

2 所谓"明确的指示"是指双向的沟通

3 介入的人员越多，不确定性就越大，这种情况下是很难明确职责的

如果类似"耳语传真游戏"，则无法明确职责

重大
故障
生产一线

故障 → 科长

生产一线可以处理

并没有那么
严重 ← 故障

今天
也并无异常啊

董事长

部长

并无异常 ← 故障

已解决 ← 故障

董事

⑨ 领导发出指示时需要明确的 4 个条件

明确告知期限和优先顺序

领导发出指示时，应该明确如下4个条件。只有明确了这4个条件，才能准确地传达指示。

条件1 明确期限

明确工作的期限（时间），规定必须在什么时间之前完成。需要让下属明白，这项工作必须立刻完成还是可以慢慢完成。

另外，人类是健忘的动物，有时候下属会忘记期限。所以，最好中途确认进度状况。例如，期限是1周时，在第4天左右进行跟进（催促）："距离截止日期，时间已经过去一半了，进展还算顺利吗？"

发出指示的一方有时也会忘记接收指示的是谁，所以我们可以在记事本上事先写上"把什么任务布置给了谁，截止期限到什么时候，什么时候进行跟进"（我是把这些内容写到日历上的）。

发出明确指示的条件 1、2

1 明确期限

期限（1周）

			跟进 第4天		截止日期 第7天	

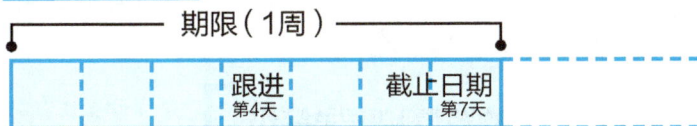

2 明确优先顺序

优先 **1**　　优先 **2**　　优先 **3**

条件2　明确优先顺序

假设已明确期限，发出了希望在什么时间之前完成的指示。但是，下属手头还有其他所布置，其任务量增加，有时不能遵守期限。

所以，领导需要将所布置的任务和员工手头的任务进行比较，明确"这个最优先，这个其次，这个第三……"的顺序，这对于保证按时完成非常重要。

优先顺序中除了时间顺序外，也包含价值顺序。所谓价值是指布置的任务中最重视的要素。

布置任务时，很多领导会发出"这个项目中A、B、C比较重要"的指示。但是，这只是列出了价值，下属并不明白A、B、C中最应该重视哪一个，因而不知所措。

如果是我，我会像下面这样发出指示。

这个项目中最应该优先处理的是A，其次是B，第三是C。如果无法判断时，请优先处理A。

类似这样按优先顺序传达时，负责人不会有任何疑惑（但如果过于细分先后顺序，也可能会剥夺负责人的工作自由，只需制定从第一到第三这样一个顺序即可）。

准确传达任务的背景和要求等级

条件3　明确目的、背景

例如，领导A正在做演示资料，对下属B发出"这部分数据欠缺，帮我找找"的指示。此时，领导A需要对"欠缺什么样的数据""需要查找什么样的数据"等内容进行说明，同时需要将与演示资料相关的整体情况（目的和背景）传达给下属B。

演示的目的是什么？

需要整理怎样的资料？

是提交给哪里的资料？

有的领导会认为没有必要特意把整体情况都告诉下属，只需要把所需部分解说一下就可以了，但情况往往并非如此。如果下属B不了解与演示资料相关的整体情况，将不能找到合适的数据。

所以，为了激发下属的工作热情，应该将任务的目的和背景准确地传达给他们。

条件4　明确完成等级

明确任务完成等级（品质等级），明确需要的是成品还是半成品。

布置任务时，切勿
忘记下属的时间和
能力都有限。

希望大家谨记
出口治明的
建议！

例如，部长让科长代写演讲稿时，要说清是期望"之后我还会修改，你先暂且帮我写一下"（即半成品）还是期望"你帮我写的原稿我就直接拿上去讲了啊，我不再修改了"（即成品），需求不同，下属的应对方式也会有所差异。

发出明确指示的条件 3、4

3 明确目的、背景

4 明确等级

⑩ 布置任务时，也让他们同时承担责任

规定了权限，也就规定了相应的责任范围

　　所谓知晓权限范围，与谁负责到什么层次含义相同。只要规定了权限，也就规定了相应的责任范围。如果赋予了下属很大的权限却不让其承担责任，权限将被滥用。

　　相反，如果只把责任强加到下属头上却不赋予他们权限，下属的工作热情将越来越低。

　　将任务布置给下属时，切勿忘记保持权限和责任的一致。

　　委任权限与使其承担责任是一件事的正反面。

　　我认为培养下属的根本就是使其承担责任。

　　假设让下属完成一件成品等级的任务。如果下属的任务没有达到相应的成品等级，那就应该让下属承担责任，也就是让其重新完成任务。

培养下属的根本就是使其承担责任

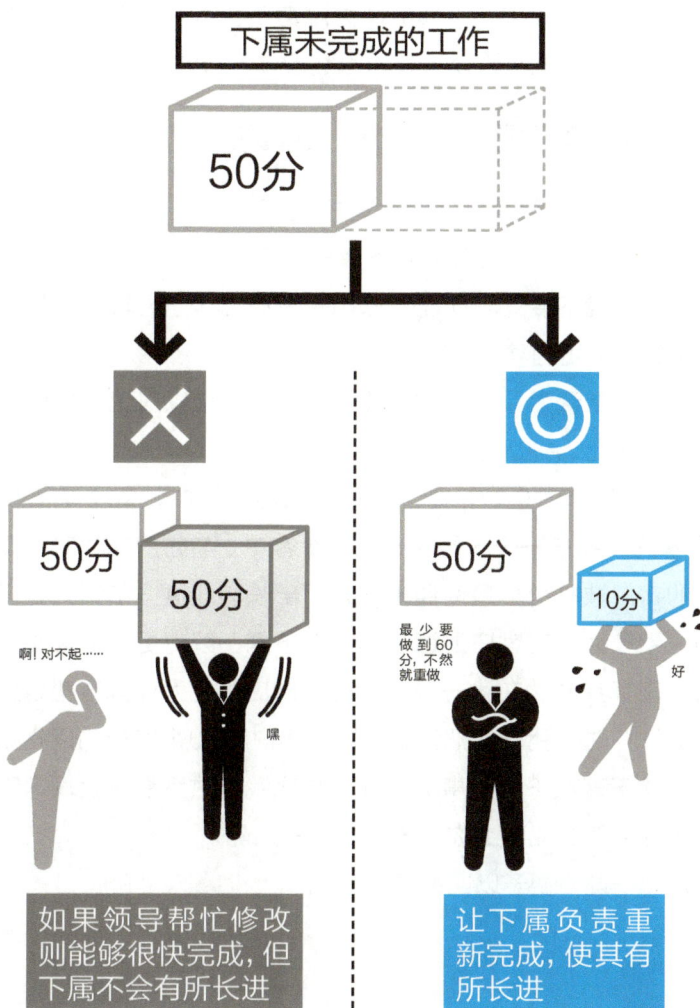

下属未完成的工作

50分

×

50分

50分

啊！对不起······

嘿

如果领导帮忙修改则能够很快完成，但下属不会有所长进

◎

50分

最少要做到60分，不然就重做

10分

好

让下属负责重新完成，使其有所长进

假设下属的任务完成程度为50分。此时，如果我直接接手进行修改，可能会更早完成任务。

但是，如此一来，下属的能力恐怕不会有所长进。如果期望下属不断成长，就应该让下属深思熟虑并不断进行修改。

"领导比下属更熟悉工作"纯属谎言

我在日本人寿保险互助公司担任部长时，曾公开向下属说"我不接受求助"，但并非对下属放任不管。

为什么我不接受求助呢？原因是下属工作范围较窄，其对相应领域的业务更为精通。

人们通常认为，领导比下属经验丰富，所以对工作更熟悉，其实并非如此。

假设部门有10个下属，管理着100个客户，每个下属负责10个客户，部长一个人要负责100个客户。与客户交往时，员工交往的客户数较少但是沟通更深入，部长沟通得虽不深入，但负责的范围较大，对客户的通盘情况比下属了解得更详细。当下属哭着过来找我说"在我一筹莫展时，出口先生为什么不帮我出出主意呢？"时，我就会把我的100个客户和10个客户的逻辑搬出来："我不喜欢干这些事情。你不是比我更熟悉那家公司吗？不太熟悉的人怎么能帮上你这十分熟悉的人呢？"

如此一说，便予以回绝了。

100 个客户和 10 个客户的逻辑

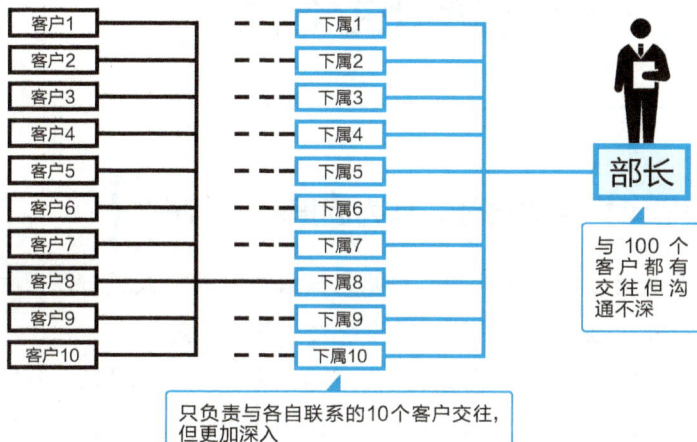

客户1		下属1
客户2		下属2
客户3		下属3
客户4		下属4
客户5		下属5	→ 部长
客户6		下属6
客户7		下属7
客户8		下属8
客户9		下属9
客户10		下属10

与 100 个客户都有交往但沟通不深

只负责与各自联系的10个客户交往，但更加深入

就应该让下属深思熟虑并不断进行修改。

希望大家谨记
出口治明的
建议！

但是，并不是完全不帮他们出主意。

对于自己不认真考虑就跑过来寻求解决方案的下属，我从不理会他们；但是对那些事先已经考虑好解决方案再过来商量的下属，我还是很高兴帮他们出谋划策的。

⑪ 对于下属的失误，无条件地承担责任

领导承担结果责任，作为回报获得高薪

无论是领导还是下属，只要是被赋予权限的人员，在权限范围内都要承担责任。另外，权限越大，责任越重。

领导因为具有给下属分配任务的权限，所以下属如果不能做出成绩，最终应该是领导的责任。下属的失败就是领导的责任。

商业社会属于"结果责任"制。无论有什么原因，如果无法取得成绩，则必须承担责任。

但是，在日本社会中，结果责任的概念却很淡薄。

结果责任这一说法具有非常重要的含义。

我认为，对于被委任董事长、部长、科长等带"长"职务的员工，正因为承担结果责任，所以才能领取高薪（补贴）作为回报。

"长"的责任重大，作为回报领取高薪

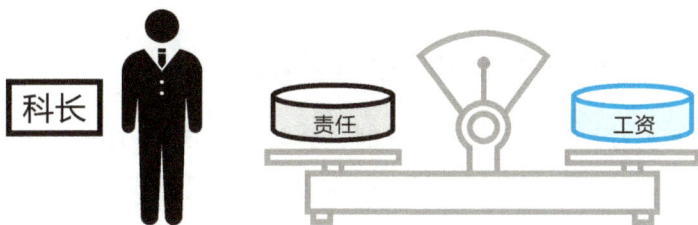

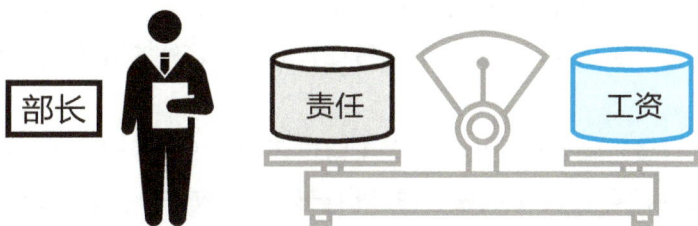

科长

责任　工资

部长

责任　工资

董事长

责任　工资

职务越高，责任越大，作为回报，
工资也相应增加。

所以，无论是否竭尽了力，未取得成绩就要负责是领导的"宿命"。例如，董事长因公司出现丑闻而辞职，在全球化企业中是再正常不过的事情。

领导不能以"我不知情"进行辩解

有的领导在公司出现丑闻时，会以"不知道下属什么时候做的，我不知情"来推卸责任。断言自己不知情的领导明显缺乏职场秩序观念。

对领导来说，无论知道还是不知道，都要对本部门承担责任。

领导无论有什么理由，都要承担责任。

让下属承担赋予权限内的责任，而除此之外的责任则由领导承担。

领导明确自己的出处进退（留位还是去职），则下属不仅会更信任领导，还会认真考虑"自己如果失败了会让领导承担责任，为了避免出现这种情况，我要努力做出成绩"。

另外，如果领导也具有"下属工作的责任最终要由自己（领导）承担"的秩序感，则会努力去了解下属的情况。因为，人类的心理是，对于自己熟知的事情可以承担责任，而对于因自己不知道的事情而辞职则心有不甘。因为在商界之中"我不知道"是行不通的，所以只能采取"更加详细地了解下属的情况"这种方法。

在刑法的世界中，如果不存在故意或过失，则不能追究责任。但我认为，刑法和商界相去甚远。

无论是否存在故意或过失，领导都要承担责任。正因为有负责的领导，企业才日益强大。

成为能干的领导

布置任务方法 POINT

1 在商界，只要成绩不理想就要承担责任

2 领导需要承担结果责任，作为回报领取高薪

3 无论是否存在故意或过失，领导都要承担责任

在商界中，"我不知道"是行不通的

刑法的世界中	商界中
我不知道	我虽然不知道，但要辞职
是吗	是吗
	原来这样啊
如果不存在故意或过失则不追究责任	无论是否存在故意或过失都要追究领导的责任

1 放任不管导致指示含混不清，而权限范围明确的指示清晰明了

2 让下属按照自己喜欢的方式去完成工作、布置部分任务，让其代行领导的工作是布置任务的三种形式

3 为了明确指示，领导和下属都应该重视双向沟通

4 领导向下属发出指示时，应明确告知期限、优先顺序、目的及背景、完成等级

5 向下属布置任务时，要做到权限和责任一致

6 如果期望下属不断长进，就应该让下属深思熟虑并不断进行修改

7 下属的失败是领导的责任，无论是否存在故意或过失都要追究领导的责任

第 3 章

不能既当队员
又兼领队

⑫ 下属的工作如果能达到 60 分则为合格

领导的作用是，让所有下属每次都能达到合格分

有时将领导和下属的关系称为"领队"和"队员"。

领队（领导）对下属分配（布置）工作，队员（下属）执行。

但领队不能代行队员的任务。

当队员的任务达到60分的效果时，领队认为如果自己来做可以达到80分以上，于是想从下次开始自己来做，或是对任务进行修改以期望达到80分以上，这是万万使不得的。

如果队员能够达到60分，我们应该可以判定他合格。领队应该有容忍60分的度量，剩下的40分不必过分苛求。

领队的工作是确保所有队员每次都能达到60分。如果有队员未达到60分，领队应该为提高分数而不断努力，想方设法使其达到60分。另外，当所有人都达到60分时，继续努力，确保所有人都能达到65分。

领导的工作是让所有下属都能达到 60 分

❌ **分数有高有低**

60分
（合格分）

◎ **所有人员60分以上**

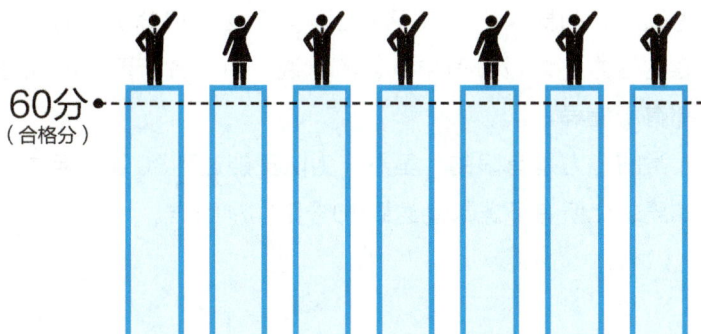

60分
（合格分）

在日本企业中，优秀的队员（达到80分以上的人才）通常可以担任领队。

因此，领导也要求下属能达到80分以上。但是，不可能保证所有60分的下属立刻达到80分。

首先，消除60分以下的不合格现象。然后，当所有人员都能达到60分时，争取所有人员达到65分，这才是正确的成长路线。

对队员和领队所期望的能力和作用也有所差异

在日本企业中，优秀的队员在做着队员工作的同时荣升到某个部门的领导职位。虽然继续从事生产一线的工作，却变成了管理岗，即所谓的"队员兼领队（从事业务的管理岗）"。

但是，我认为不应该设置类似"队员兼领队"的职位。人们往往有一种错觉，认为作为队员出类拔萃，作为领队也能达到出类拔萃的水平。

作为队员，要努力提高自己的工作能力（努力达到80分）；而作为领队，则要保证所有下属达到及格线（60分）（对一些不尽人意的地方不必过分苛求）。所以说，对两者所要求的能力和作用都有所差异。

人类的能力是有限的，虽然作为队员能达到80分，但成为领队后如果想让所有下属都能达到60分则非常困难。

不能担任领队

❌ 兼做领队和队员　　　　　　◎ 专注于领队的工作

做好两样工作都很难啊

领队

队员

小 A, 你去做一下这个

领队

小 B, 你去做一下这个

很难同时做好领队和队员

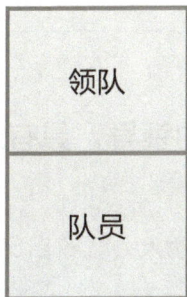

下属如果能达到 60 分，那就认为他合格。领导应该有容忍 60 分的度量。

如果非常优秀的队员荣升为领队后仍能出类拔萃，要么是这个人已经认识到队员与领队之间的区别，牺牲作为队员的自己，掌握了作为领队的能力，要么是专注于领队的工作。

如果公司也期望你同时继续做好一名队员，那么你至少要有意识地养成"下属达到60分即可让自己满意"的习惯。

⑬ 工作堆积如山的领导的通病

有的领导不能将任务布置给其他人，导致自己的任务堆积如山。这类领导通常具有以下三个特征：

1．不明白人的能力和时间有限

2．不认可下属60分的工作

3．判断速度迟缓

1．不明白人的能力和时间有限

尚未明白"人的能力是有限的，单枪匹马难以完成很多任务"这个道理，所以误认为自己一个人什么都可以做。

无论是多么优秀的人才，最多只能胜任2～3人的工作。

只要明白自己的能力存在极限，就不会将任务都堆积到自己手里，而是考虑"把任务布置给谁吧""让谁帮帮我吧"。

2．不认可下属60分的工作

有的人对世事缺乏洞察力，总是认为"如果由自己来处理这项任务能达到80分以上，而交给下属去做时只能达到60分，所以还是自己来做比较好"。

"不能将任务布置给其他人的人员"的三个特征

1　不明白人的能力和时间有限

12:00

2　不认可下属60分的工作

60分

如果我自己做应该能做得更好

3　判断速度迟缓

先是自己来做

时间不够了，所以……

帮我干一下这个

既然人的能力、时间、资源都有限，就不可能存在完美无缺的工作。因此，就应该认可"只要能达到60分就算及格"。正因为你总是在意难以完成的40分，所以不能将任务布置出去。

但要记住一点，如果只满足于60分，则不能指望提升组织的战斗力。当确认所有人员都已达到60分后，接着要求下属增加5分、10分，这一点是非常重要的。

3．判断速度迟缓

一流的足球运动员在足球传来的瞬间（或者是之前），就已经做出了或运球、或射门、或传球的判断。如果在那里犹豫不决，必定被对方队员包抄，球被对方夺去。

判断迟缓的原因之一是不相信周围的队友。因为不信任大家，就如同传球一样，更倾向于期望自己打开局面。

领导不相信下属时，就会推后"布置任务"。认为还是自己处理效果会更好，导致手头堆积了很多任务，但之后发现时间越来越不够用，开始急躁起来。此时，再急急忙忙将任务布置给下属，结果是已经延误了时机，陷入了下属连60分都达不到的境地。

另外，擅长工作的领导善于控球传球。当足球（任务）传到自己部门时，能够立刻对任务内容及状况做出判断，并根据每个人的优势确定应该将这项任务布置给谁。领导能够做到避免将任务堆积在自己这里，正是因为信任下属，从而能尽快将任务布置出去。

为了提高商务活动对市场的影响力，需要加快商务活动的速度。因此，最明智的选择是尽快将任务布置出去。

成为能干的领导

布置任务方法 **POINT**

1 理解人的能力和可使用的时间有限

2 下属工作如果能达到 60 分, 则判定为合格

3 迅速做出判断，信任下属，将任务布置给下属

擅长工作的领导立刻将球传出去

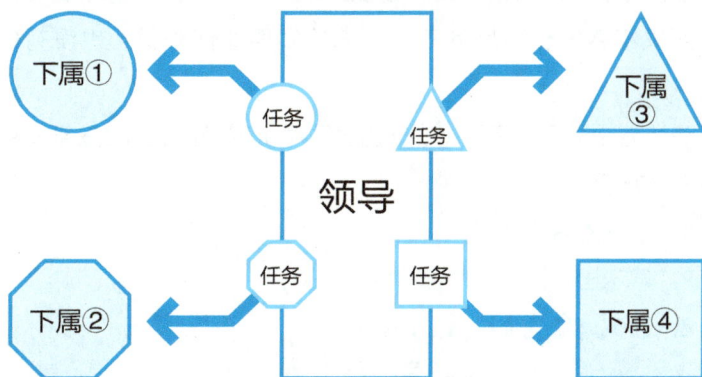

下属① 任务

任务 下属③

领导

任务 下属②

任务 下属④

迅速做出判断可将任务布置给合适的人, 从而将任务布置出去

14 有没有让下属看到你拼命工作的状态

> **即使领导对下属信任有加，但如果下属没有干劲，也没有任何意义**

即使领导对下属非常信任，将任务布置给了下属，但如果下属干劲不足，也只能完成到60分以下。

即使领导已经理解了队员和领队之间的能力差别，切实将任务布置给了下属，下属也未必能够完成你所期待的任务量。

那么，怎样才能激发下属的干劲呢？

怎样才能保证下属积极主动地去要求"希望给我布置任务"呢？

如果不激发出下属的干劲，无论领导如何动员，也没有任何意义。

我认为领导激发下属（领队激发队员）积极性的方法主要集中在以下三个方面：

1. 让下属喜欢领导
2. 展示出领导占绝对优势的能力差异
3. 让下属看到你拼命工作的状态

如果不激发出下属的干劲，则没有任何意义

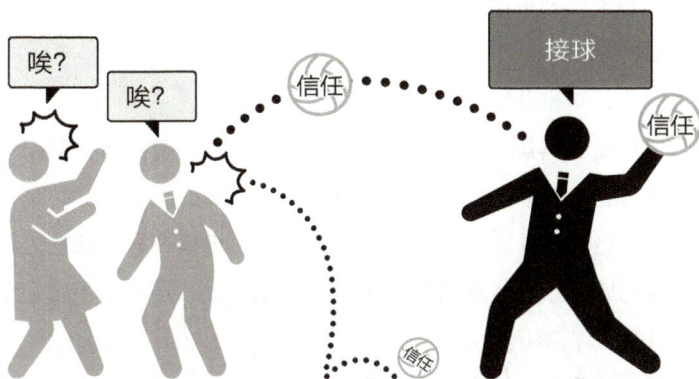

唉？

唉？

信任

接球

信任

信任

即使领导信任下属，如果下属没有干劲，也不能达到60分

领导激发下属干劲的三个方法

1. 让下属喜欢领导

努力成为下属喜欢的领导。如果领导和下属之间构建起朋友的关系，则下属必定会为了喜欢的人而积极主动地去工作吧！

领导如果受到了下属的爱戴，那就胜券在握了。

不用自己说什么，下属肯定会拼命工作，所以领导会很轻松。

但是，一个人喜欢另一个人是一种本能反应，所以要达到这个目标难度非常大，很难事随人愿。

对于领导而言，一方面，如果能实现这个目标，工作将易如反掌；但另一方面，这个目标也很难实现。

2．展示出领导占绝对优势的能力差异

领导如果能展示出自己占绝对优势的能力差异，则其他人只能无条件地服从。

3．让下属看到你拼命工作的状态

这个方法最具有现实意义。如果你并非深受下属爱戴，如果你并没有绝对的能力优势，那只能让下属看到你拼命工作的状态。

另外，当下属认为领导比谁都认真工作，总是在思考如何处理工作，而自己从未如此认真钻研工作，自己比不上领导时，下属必定对领导吩咐的工作言听计从。

当然，如果只是做出一个忙于工作的样子，或者只是嘴上说着好听的话语而不付诸行动，肯定会被下属看穿。

需要谨记"场面话绝对会被下属看穿"，要兢兢业业忙工作。

成为能干的领导

布置任务方法 POINT

1 要想激发下属的干劲，需要让下属喜欢领导

2 要想激发下属的干劲，需要展示出占绝对优势的能力差异

3 要想激发下属的干劲，需要让下属看到你拼命工作的状态

调动下属干劲的三种方法

1 让下属喜欢领导

领导　♥♥♥　下属

2 展示出领导占绝对优势的能力差异

领导　能力

下属　能力

3 让下属看到你拼命工作的状态

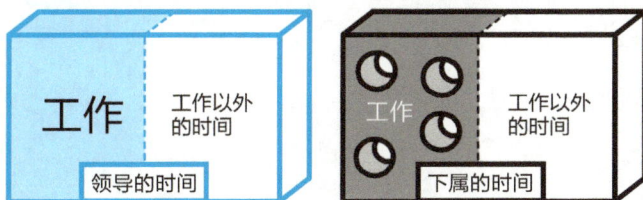

工作　工作以外的时间
领导的时间

工作　工作以外的时间
下属的时间

15 只把开拓性任务布置给善于进攻的下属

> **有的人适合某项任务，有的人不适合某项任务，世上并没有全能人才**

　　我在美国调查投资顾问行业的状况时，听到了培养"基金经理"相关的话题，耐人寻味。

　　接受我访问的A公司董事长认为，并没有必要培养能够打开任何局面的全能型基金经理。

　　有的人适合某项任务，有的人不适合某项任务。有人善攻却不善守，有人善守却不善攻。世上并没有全能的人才。

　　既然如此，那我们就把开拓型任务交给善攻的人，把防守型任务交给善守的人。A公司董事长也曾断言"没有必要让善攻的人去学习防守，也没必要把进攻的方法教给善守的人"。

　　正如"江山易改本性难移"所言，无法轻易改变人的性格。

有的人适合某个工作，有的人不适合某个工作

✕　想培养成全能人才

除足球外，你也打打网球

啊？

◎　将适合的任务布置给下属

小 A 适 合 做这个工作

小 B 适合做这个工作

好的

好的

对于软弱的人，即使你花费很多精力让其百炼成钢，变得更强大，也不能期待出现太大的变化。

既然如此，如果我们给这个人分配更为适合的工作，可能会达到意想不到的效果。

所以，牛市时起用强势基金经理，熊市时起用做事慎重的基金经理。不将牛市和熊市时的任务布置给同一个基金经理，而是组合使用不同的两个人，会达到不错的效果。

因此，观察现在的局面（牛市或熊市），根据不同的局面布置给合适的负责人，这才是领导的任务吧。

我很赞成A公司董事长所言"有的人适合某项任务，有的人不适合某项任务""布置给下属最擅长的任务"。

但是，我感觉日本企业在培养人才时，与发挥擅长的方面相比，更倾向于消除不擅长的方面。

配备人员时，从得失角度进行考虑，获得现实利益

例如，对哈佛大学法学院毕业的法律专业学生说，"踏实肯干对你比较好，你从头去体验一下营业吧""去体验一下乡村的实际情况"等，这是在标榜那种没有结果的精神论。

如果是全球化企业，绝对不会采用这样的人事安排方法。配备人员时必定考虑如何迅速让这个员工做出业绩。

比如"你虽然还很年轻，但因为你的专业学的是法律，如果表现好的话将来会提拔你做法务部的副部长，所以希望你发挥所学之长完善公司的法规体制"等，从现实利益、得失等角度出发考虑人员的配备。

把开拓型任务交给善攻的人，把防守型任务交给善守的人。只有委派适合的任务，才能取得业绩。

希望大家谨记
出口治明的
建议！

布置任务时，不让员工处理不擅长的任务。让员工处理其更擅长的任务更能获得现实利益。

另外，对于下属不擅长的领域，不必强制使其掌握，而应像基金经理的例子那样，布置给别人去替代他即可。

把开拓型任务交给善攻的人，把防守型任务交给善守的人

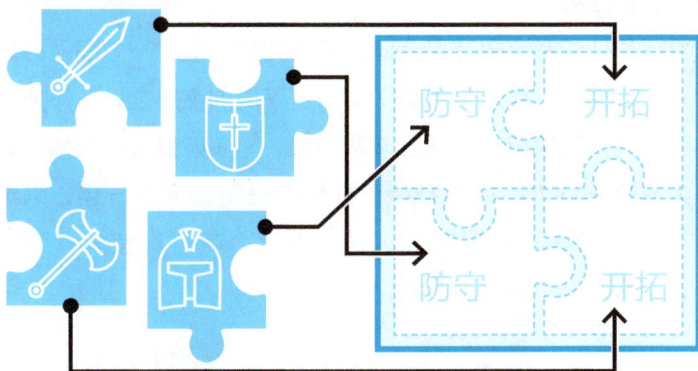

将任务布置给擅长的下属，由其他人补位其不擅长的地方

16 对下属的短处"放任不管"

长处和短处乃此消彼长的关系

我认为"发挥长处，避免短处"等观点是站不住脚的。

长处和短处是这个人的突出之处，也就是他的个性。

人原本就是具有突出之处的，类似三角形那样棱角分明。但是，因为不想让别人感觉到针扎一样的刺痛，所以很多人想磨平棱角，变得圆滑。但是，因为磨平了棱角，导致表面积也变小了。

人的热情、能力与表面积成正比。所以，领导不应该磨平下属的"突出之处"。

发挥长处和避免短处是此消彼长的关系（追求一方面时必定会牺牲另一方面，不能两全其美）。对于下属的突出之处，不应该磨平，而应该将其保留。人不应该是小圆，而应该是大的三角形。

大家普遍认为，如果都是这些棱角分明的人在一起，则组织没办法进行管理。但只有通过"不磨平，就这样棱角分明地使用"，组织才能变得更强大。

只有保留突出之处，才能构建强大的组织

强大的组织 → 表面积大

每一个人都富有个性

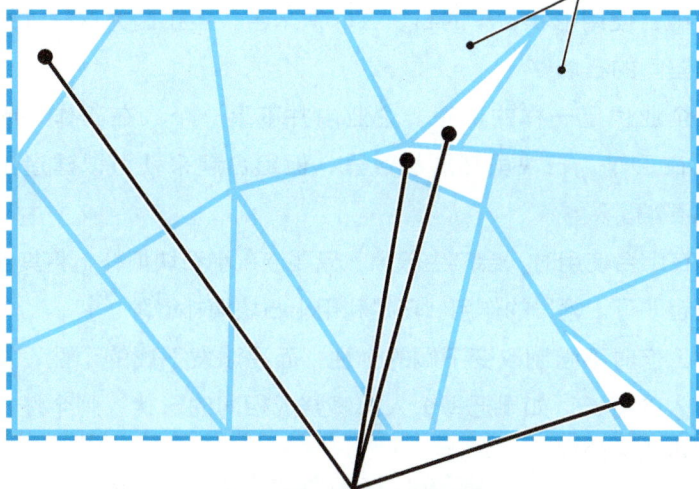

领导的工作就是填补缝隙

涣散的组织 → 面积小

每一个人的突出之处都被磨平

这与日本战国时代（译者注：一般是指从1467年应仁之乱到江户幕府建立、丰臣氏灭亡之间150多年政局纷乱及群雄割据的时期）的石墙道理相同：对自然界中的石块不进行加工，按照其原来的形状组合、堆积，在石块和石块之间嵌入小石块进行加固。组合使用形状各异的石块会非常辛苦，但正因为这样才能建造出坚固的石墙。

企业也是一样的道理。企业内并不是一个人在工作，而是团队在工作。石块虽然形状各异，但组合起来就可以建造出坚固的石墙。

在组合使用时，会产生缝隙，只要嵌入小石块填补，将其连接到一起即可。领导的作用，正是利用小石块填补缝隙。

工作时不强制改变下属的个性，而是激发下属的个性，发挥每个人的特长。如果把每个人都修整成相同的形状，则个性、韧性都将消失殆尽。

不应该让下属从事不擅长的任务，而应该让下属发挥其擅长的能力

并不是所有的员工都能成为或都想成为管理者。忽视下属的价值观，将领导的价值观强加于人，这是一种权力骚扰。

企业一半以上的业务都可以说是普通任务。员工毫无差错、迅速地完成单纯的事务性任务，也是企业非常重要的组成部分。有的人不愿意从事责任重大的任务，而更愿意在普通任务中发挥作用，对这些人就不要布置责任重大的管理级别的任务了。

人应该提升擅长的地方

| 小 A 担任事务性工作 | 小 B 营业能力强 |

与从事不擅长的任务相比，发挥每个人擅长的能力更能创建优秀的团队

人突出之处就是个性。只有充分发挥每个人的个性，组合使用不同的形状，才能使组织变得强大。

希望大家谨记
出口治明的
建议！

有些领导不明白"尺有所短、寸有所长"的道理，常常认为"只要持续努力，一定能够提升不擅长的地方"。我反对这种观点。

每个人应该发挥自己擅长的能力。发挥员工擅长的部分并组建团队，是最为合理的配置。

避免下属发挥不擅长的能力，而是让团队中的某个人来代为处理不擅长的地方，或让某个人来告诉我们怎么去做，这正是团队存在的原因。

17 公司内需要偷懒员工的实情

越是有偷懒员工的公司越是正常的公司

我认为，员工偷懒的原因是领导做得不到位。领导忘记了自己的本职工作，没有给下属布置任务。

领导应该多给下属布置任务，让员工忙起来。但令人遗憾的是，并不能保证不出现偷懒的员工。

通常认为，团队会按照20％、60％和20％的比例分化成三个部分，也就是所谓的"262法则"。

① 优秀者20％：具有高收益、生产效率高的优秀团队（拼命工作的团队/领导愿意将任务布置给他们的团队）

② 中间派60％：既非最优秀也非落后者的中间团队（普通工作团队）

③ 落后者20％：业绩及效率低下的团队（偷懒的团队/领导不愿意将任务布置给他们的团队）

令人深思的是，即使将最落后的20％调走，剩下的80％会再次按照"2：6：2"的比例分化为三部分。通常人们认为，将落后者调走后生产效率应该能提高，但情况并非如此，剩下的80％里面又出现了落后者团队。

各组织按 "2：6：2" 的比例分化成不同阶层

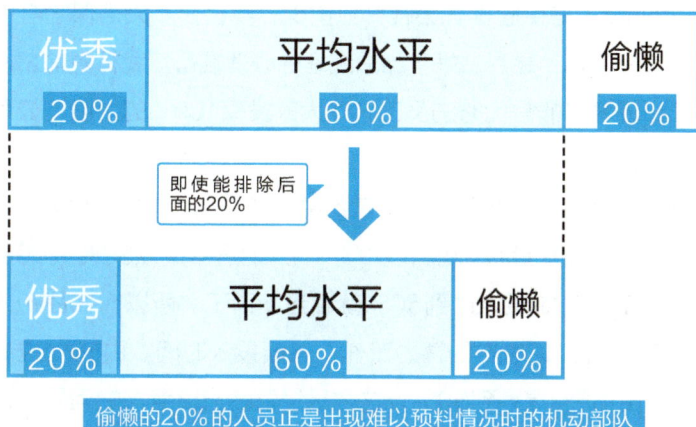

优秀 20%	平均水平 60%	偷懒 20%

即使能排除后
面的20%

优秀 20%	平均水平 60%	偷懒 20%

偷懒的20%的人员正是出现难以预料情况时的机动部队

有一种说法认为，必须保留20%落后者团队的原因是：应对紧急、难以预料的情况，以及保留后备力量。

当出现难以预料的情况导致人手不足时，并不一定能将最优秀的员工派出救急。

但是，落后者团队（偷懒的团队）的时间和体力都很充沛，适合救急工作。

正像军队中存在机动部队一样，企业里也需要机动部队。落后者团队正是机动部队。

假设 "262法则" 正确，那么存在20%落后者团队，才能够说是正常的组织。

有的领导无论找什么借口，都想将这20%的落后者也就是这些不想努力工作的员工清除出去。这样的领导完全没明白社会的结构和体系。

人并不能以100%的力量进行工作

　　LifeNet人寿保险株式会社开业前夕，我在日本人寿保险互助公司时的前辈问我：是否做好了当总经理的心理准备。我答复前辈说："我已经招募了非常优秀的员工，让大家发挥100%的力量，公司一定能够蒸蒸日上。"

　　前辈听到我的这些话后，责备我说："你让大家以100%的精力去工作，大家很快就会疲惫不堪的。"人们通常是以30%或40%的精力进行工作，如果能达到50%就相当不错了。所以，在最初的阶段，大家先以50%左右的精力工作，逐渐投入时间，由50%提高到55%，再由55%提高到60%，这才是经营者应该考虑的问题。如果一开始就让员工发挥100%的力量是行不通的。

　　出现以上问题的原因是，当时我没有完全看清人与社会的真实关系。

　　人的力量是有限的，社会按照"262法则"构成。认可并接受以上观点，考虑将什么样的任务布置给谁，这才是领导的工作。

成为能干的领导

布置任务的方法　POINT

1 各组织按"2：6：2"的比例分化成三个部分

2 没有必要排除 20% 的落后者

3 想让下属发挥更多的力量，需要花费时间并分步实施

人不能以 100% 的力量进行工作

❌ **想让部下发挥100%的力量**

100

100

加油!

你们也加油!

◎ **只需将50%的力量提升到55%,将55%提升到60%即可**

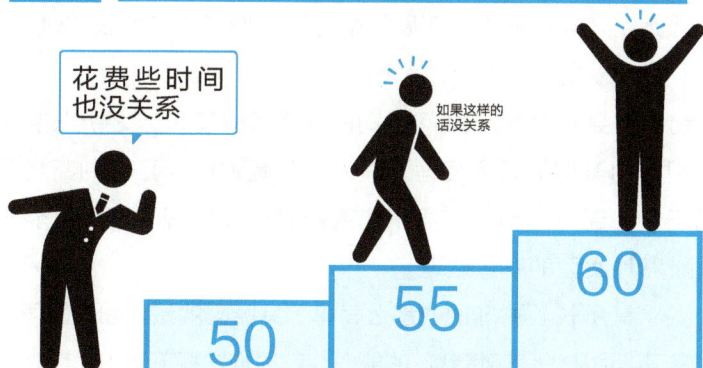

花费些时间
也没关系

如果这样的
话没关系

50

55

60

⑱ 尽其所长并非说说那么简单

配备人才时，通过下属的适应性和环境状况进行判断

领导将任务布置给员工时，必须仔细考察以下2个因素：

① 下属的适应性（适合/不适合、擅长/不擅长、个性突出之处）

② 环境状况（处于怎样的局面）

① 下属的适应性

布置任务时，领导需要根据下属的适应性，更改需要布置的任务内容和布置方法。

因此，必须仔细调查下属的个性及其擅长和不擅长的领域。

② 环境状况

前面提到过的投资顾问公司的A公司董事长，之所以能够组合使用不同类型的基金经理，其原因就是他能够正确判断当前股市属于牛市还是熊市。如果不能判断股市的情况，就不可能知道要提拔哪种类型的基金经理。

"尽其所长"并非说说那么简单。其原因就是，如果领导不具有洞察下属适应性和环境状况的能力，就很难发挥下属的优势。

因此，领导要提高使人才尽其所长所需要的"洞察力"。

配备人才时，通过下属适应性和环境状况进行判断

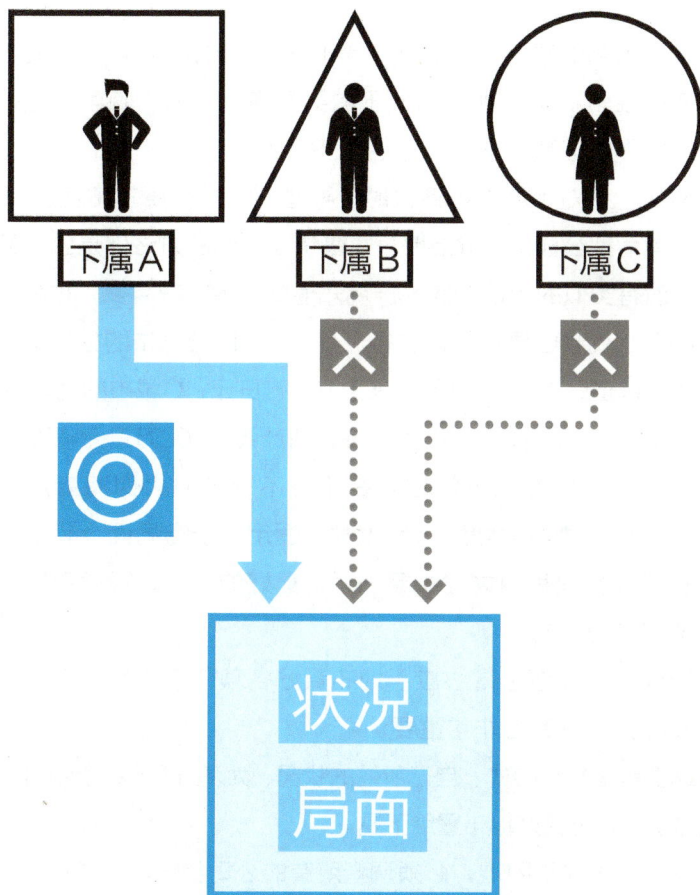

下属 A　下属 B　下属 C

状况
局面

适应"□"状况的员工是具有"□"适应特性的下属 A

如果领导想提高洞察力，经验和知识积累不可或缺

人类大脑的功能非常完善。当你考虑事情的时候，只要大脑中有很多经验积累，则非常便于触类旁通。因为大脑可以进行提取，所以你能够随意选择、组合很多事物。

例如，在对土地进行评价时，要想评价"距离车站徒步15分钟、建有大型公园的A市土地"，最快捷的判断方法就是尝试回忆以前有没有类似的土地。房地产商知道的土地状况越多，也就是说经验越多，就越容易对土地进行评价，比如说B城市的相同地块每坪（面积单位，1坪≈3.3平方米）100万日元，C城市的地块10年前每坪80万日元，现在上涨了20%，估计会到100万日元吧？

人类社会最有意思的地方在于并不存在放之四海皆准的道理。假设存在基本的做法，那也并不适用于所有局面，我们只能考虑在各种状况和相关性中哪一个是最好的方法，根据不同的局面采取相应的措施。

所以，如果你想得心应手地布置好各项任务，那么提高对于人类和社会的洞察力非常重要。

需要考虑社会构成、自己所处的状况、为了打开局面能做什么、如何才能将任务更好地布置给下属。

尽其所长非常困难。必须调查所有的公司状况、社会动向和变化、下属的适应性等，从而将最合适的人才在最合适的时机配置到最合适的位置。

总而言之，如果不通过与人相识、读书、游走四方，提高对于人类和社会的洞察力，了解人类与社会的本质，就不能实现尽其所长。

成为能干的领导

布置任务的方法 **POINT**

1 要尽其所长就需要深知下属的适应性

2 需要掌握现在属于何种局面以及环境状况

3 通过积累经验和知识储备，提高洞察力

要使人才尽其所长，需要提高洞察力

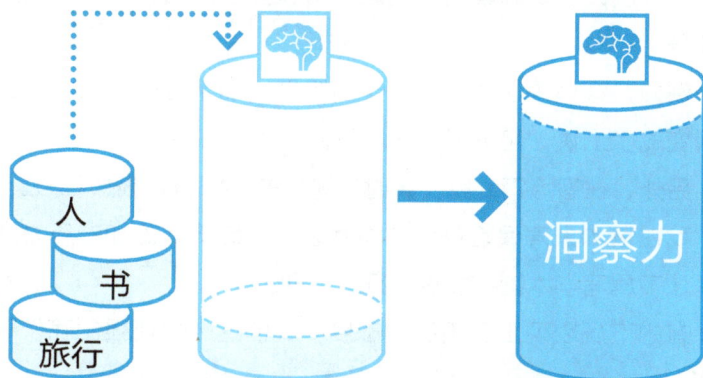

人

书

旅行

洞察力

知识储备和经验积累得越多，越容易做出正确的判断

⑲ 越是愚蠢的领导，越标榜精神论

彻底了解下属的类型后再布置任务

人的特性大致可分为钢铁型和石瓦型。

● 钢铁型：通过施加工作压力等方式，不断敲打才能进步的类型

● 石瓦型：花费时间慢慢培养才能进步的类型

钢铁型通过敲打锻炼成才，石瓦型要花费时间逐渐锻炼成才。

领导应该在认真弄清下属属于钢铁型还是石瓦型的基础上布置任务。

例如，领导未认清下属属于石瓦型，而用锤子去敲打，结果下属变成了土块，起不到任何作用。

另外，在锻炼钢铁型下属时，最好的办法就是施加压力。

我在日本人寿保险互助公司就职时，给下属施加的压力之一就是让下属写学术论文发表到行业期刊上。

有的下属表现出了不服的态度：我们这么忙还强制我们写论文啊。

根据类型的不同，改变培养方式

钢铁型　→　施加压力，敲打

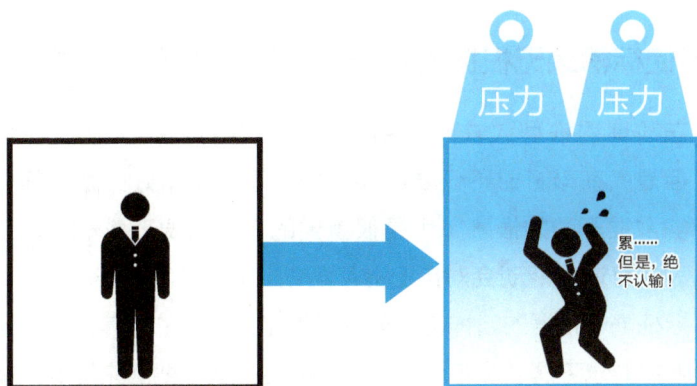

压力　压力

累……
但是，绝
不认输！

石瓦型　→　逐步扩展其擅长的部分
（花费时间，稳扎稳打地培养）

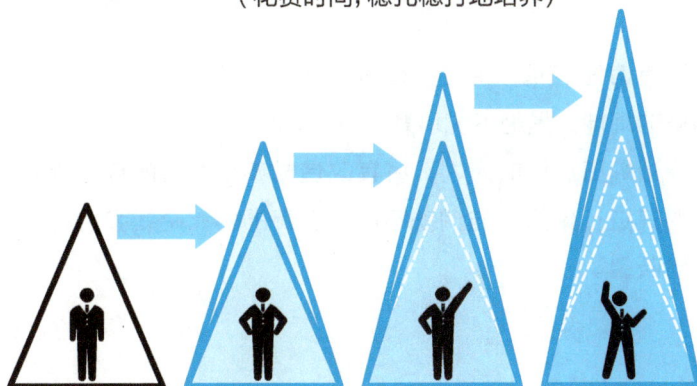

这时候，我开始以我的逻辑说服他们：你又能拿到稿酬，又提高了自己的水平，如果能获得优秀奖，还能提高你的人事评价等级。

这样一来，下属虽然面有难色，但还是会说"确实如此啊"，于是便开始写作论文。

即使标榜毫无根据的精神论，也不能培养下属

在锤炼钢铁型人才时，用锤子敲打使其变强，从而百炼成钢。但是，在敲打时不仅要施加压力，事先准备好鼓励措施（例如能够激发干劲的报酬）也是很重要的。即需要形成一种体系，让本人认可这些活动会对自己有所帮助，从而自发地努力奋斗。

标榜毫无根据的精神论来锻炼下属是最低级的培养方法。比如领导强制要求下属"拿不到100个人的名片就不要回来"等，就属于职权骚扰。竭尽全力执着于工作应该属于自发性活动。张口就是"我来锻炼你""照我的样子尽快成长"等话的领导，只不过是个愚蠢的人。我只想说："照着你的样子能看到什么啊，什么也看不到啊。"

只有信任下属，将任务布置给下属，下属才能不断成长。毫无根据的精神论是绝不能培育出好下属的。

要锻炼石瓦型的人才，将其改造成不易断裂的瓦，首先要保证不对其进行敲打。与钢铁不同，石瓦的特点是在强力敲打的瞬间容易断裂。

只有相信并布置任务给对方，对方才能成长

信任
布置任务
鼓励措施

自发性

壮大了啊！

不只标榜精神论，更要激发下属自发性的干劲

仅凭没有合理根据的精神论，绝对培养不出人才！

希望大家谨记
出口治明的
建议！

另外，不要磨平棱角（不改变其短处）。磨平棱角时，下属的个性也将消失。所以不要改变其短处，而是优化其长处。

其次，给下属布置擅长、适合的任务。注意，如果只是反复布置简单的任务，下属就无法成长。因此，给下属布置一些稍微超出其工作能力的任务，或是给下属多布置10%左右的任务，最为理想。

⑳ 下属工作效率提高的评价标准是什么——加班时间自然减少

为什么日本人的劳动时间很长，生产效率却很低

日本人的平均总劳动时间（2013年）为1735小时。

与英国（1669小时）、法国（1489小时）、德国（1388小时）相比，日本的劳动时间明显更长。另一方面，日本每小时劳动时间的生产效率为41.3美元。与美国（65.7美元）、法国（61.2美元）、德国（60.2美元）相比，日本的生产效率很低（据OECD调查）。

通常认为，长时间劳动但生产效率很低的原因是加班导致的疲劳累积。日本的加班时间大约是法国的3倍。疲劳累积会导致生产效率下降。

瑞典的某位学者曾经断言："在短时间内聚精会神致力于某件事情，更能提高劳动生产效率。"

日本人经常认为工作时间越长，生产效率越高。但是这种观点是没有科学根据的。

日本企业中加班较多的原因是"长时间工作的人了不起"这一错误的认识和领导欠缺管理能力。

在终身雇佣和年功序列体制下，很容易形成一种"我不能比领导先离开"的氛围。与领导一起加班到很晚、对日常加班和周末加班不讨厌的员工往往会获得好的评价。

"年轻员工应该比任何人都要早到公司，比任何人都要晚离开公司"的论调，我认为是错误的精神论（偶尔废寝忘食地工作也很重要，但这应该是员工自发行动的结果，不应该由领导强行要求）。

另外，因为员工人数不足而让部分员工多承担了任务，以及太多没有意义的会议等情况，导致劳动时间也不断延长。

领导的作用是确保合理地分配任务，保持人员的平衡。如果不能做到这一点，那就说明领导的管理能力有欠缺。

总劳动时间和劳动生产率

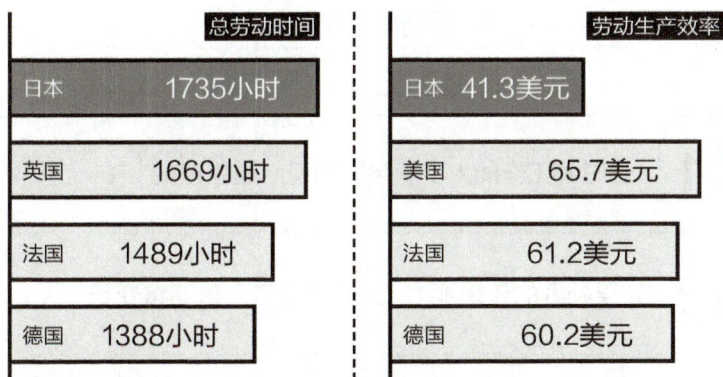

总劳动时间		劳动生产效率	
日本	1735小时	日本	41.3美元
英国	1669小时	美国	65.7美元
法国	1489小时	法国	61.2美元
德国	1388小时	德国	60.2美元

日本的加班时间是法国的3倍，但生产效率却很低

如果不改变评价标准，则无法提高劳动生产率

为了减少（消除）加班，需要改变评价标准。

应该明确，提高劳动生产效率比任何事情都更为重要，我们不应该将加班时间作为评价的对象，而应该将焦点由劳动时间改为劳动生产效率。

磨磨蹭蹭地进行工作不会提高业绩。所有的医学观点都明确认为，即使是年轻人，如果长时间劳动，注意力和生产效率也会显著降低。

如果领导管理起来觉得难以得心应手，则可以制定明确的公司内部规则，如"共享信息的会议控制在30分钟以内，确定某个事项的会议控制在1小时以内；原则上禁止加班，加班需要得到领导的许可"等，以构建不加班的体系。

此外，领导不可强迫下属陪同加班。领导应该考虑的问题是，如何才能提高下属的劳动生产效率。

成为能干的领导

布置任务的方法 POINT

1 "长时间工作的人了不起"的观点是错误的

2 如果领导的管理能力低，员工的劳动时间将变长

3 如果不改变评价标准，则无法提高劳动生产效率

将评价标准改为劳动生产效率

✕　禁止拖拖拉拉地工作

部长

部长还在工作，不好意思回去啊……

已经晚上7点了啊……

◎　在短时间内全神贯注于工作

今天的会议下午2点30分结束

好　好

- 会议控制在××分钟以内
- 原则上禁止加班

㉑ 所谓统率力是指周到的沟通

> **成为领导人的条件是具备坚强的意志力、感召力及统率力**

　　假设某个董事接到董事长发来的关于完成某个项目的指示，如果董事内心的真实想法是"真麻烦啊，但是董事长的命令我无法拒绝"，那么这个项目肯定会失败。其原因是，如果领导不具备相应的领导能力，下属就无法发挥自己的力量。

　　通常认为，坚强的意志力、感召力及统率力是成为领导人的3个不可或缺的条件。

1. 坚强的意志力

　　在3个条件中，最为人们所期望的是坚强的意志力，即"无论如何我也要将这项任务完成"的坚强意志。

　　这种坚强意志也可以称为"志气"。

　　既然要完成任务，就应该认识到如何理解这个世界，想改变哪些地方，为实现这个目标自己能做什么（想做什么），并树立远大志向。

　　但是，世界那么大，一个人无法改变所有的事情。我们需要考虑，在这个世界上我们应该做什么。

成为领导的 3 个条件

1 坚强的意志力（志气）

领导

2 感召力

下属　下属　领导　下属　下属

3 统率力

下属　领导

领导无法立刻改变世界，所以我们只能在自己力所能及的范围内考虑如何让世界变得更美好，并付诸行动。

我认为，树立远大志向，切实做好自己能做的事情，就是人类生存的意义，也是工作的意义，更是创建企业的全部意义之所在。

2．感召力

即使想要完成什么事情，一个人也是无法实现的。

在需要借助他人的力量时，领导必须向对方敞开心扉，对其进行解释并获得认可，从而获得对方对自己观点的共鸣。

对为什么要做这件事情、如何做才能实现相应目标进行解说并获得认同的能力即感召力，也是成为一名领导的条件之一。如果领导满嘴牢骚，则无法获得下属的认同。

3．统率力

无论什么样的项目，在过程中都不可避免地会出现高峰和低谷。所以，无论面对什么事情，领导都需要具有统率力，做到绝不气馁，将团队人员引领到目的地。

虽说是引领到最后，但并不是"你们默默地跟我来就行"的强权。换句话说，不如将"统率力"说成"周到的沟通力"。

在下属遇到困难时，请关切地询问："没事吧？"观察周围环境的状况及变化、关心下属的能力也是真正的统率力的体现之一。

领导应该知晓"人类本质"是什么

在坚强的意志力、感召力、统率力这3个领导必备的条件中，坚强的意志力尤为重要。一个没有坚强的意志力的人没有资格担任领导。

要具备成为领导的条件，需要获知人类的本质

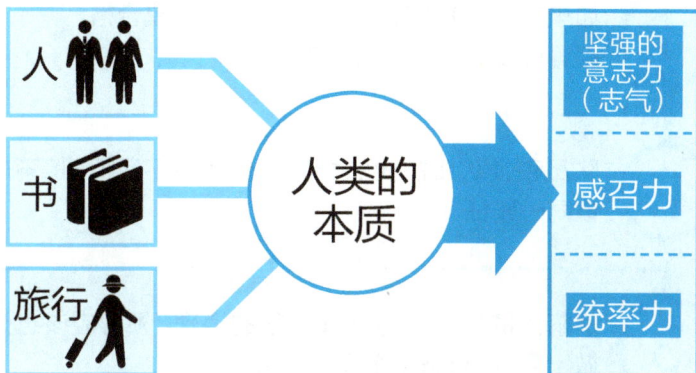

人 → 人类的本质 → 坚强的意志力（志气）

书 →

旅行 →

感召力

统率力

通过人、书、旅行，了解各种各样的人和社会现象

要具备成为领导的条件，需要通过人、书、旅行来学习。

希望大家谨记

出口治明的

建议！

要想具备这3个条件，需要知晓"人类的本质"。

必须理解"人类是怎样的一种动物，如何进行行动"。

要获知人类的本质，需要尽心尽力于"认识很多人、读万卷书、行万里路，从而了解各种各样的人和社会现象"。

总 结

1 如果下属的工作能达到60分, 则判定其合格
领导应该有容忍60分的度量

2 队员和领队所需要的能力与作用都不尽相同, 不应
该同时兼任

3 理解人的能力和时间都有限的道理, 领导应该迅速
做出判断、委派工作

4 领导要展现自己努力工作的状态, 激发、调动下属
的干劲

5 布置给下属擅长的任务, 对下属不擅长的任务由他人
替代。只有接受擅长的任务, 下属才更能取得业绩

6 为了使人才尽其所长, 需要拥有洞察周围状况的能
力, 从而获知下属的工作适应性

7 成为领导的条件是具有坚强的意志力 (志气)、感召
力和统率力

第 **4** 章

依靠领导力量，切实提高团队实力

㉒ 新的创意在别人的头脑中

将任务布置给年轻人的效果——多样性

在很久以前，作曲家坂本龙一在接受采访时说道："我没有任何天分。我只是从头脑中把很久以前听到的音乐调出来，把一些旧音符组合到了一起。"

坂本龙一从孩提时代就非常喜欢音乐，并接触音乐。那时候的音乐熏陶成了其作曲的源泉。

坂本龙一把各种各样的音符输入头脑中，然后通过对这些音符的组合使用，谱写出新的乐章。

但是，很多人并非像坂本龙一那样在头脑中积累了很多的音符，因此可以组合的类型也很少，无法创新。正因为如此，我们才需要多样性，将任务布置给年轻人及女性，这样可以弥补领导头脑中缺乏的音符。

我们需要弹奏各种不同音符的人

从孩提时代便开始输入、累积知识的人

调取各种不同的音符谱写新的乐章

普通人

从多个渠道收集音符谱写新的乐章

不同时代的人弹奏不同的音符

2009年夏天，我收到了一个20多岁员工的建议。

他说："我想出了一个在互联网上进行PR（公共关系）策划的方案。请出口先生在3个纸碟里的纸上写上死亡时可以领取的金额，分别是1000万日元、2000万日元和3000万日元，再在3个纸碟里分别放上3种豆子。将这3个纸碟放到多摩川的河边时，肯定会有鸽子飞过来吧？鸽子最先吃掉哪个碟子里的豆子，保险金额便是哪个碟子里纸上写的金额。"

我听到他的话语时，大嚷道："别开玩笑了！你把LifeNet人寿保险株式会社的宣言好好读读再重新做个方案出来！"

谁知道这个20多岁的员工泰然自若地说道："你们只能想出这些平淡的创意，所以说你们这些60多岁的人不行啊。如果是20多岁、30多岁的人看到这个方案，肯定会认为LifeNet人寿保险株式会社敢于挑战这么有意思的方案，真了不起啊！"

他还极力主张"如果没有自信，就不会提出这样的方案"。于是抱着试一试的心态，我采用了他的建议。

结果怎么样呢？

取得了非常大的成功！

LifeNet人寿保险株式会社的网站访问量激增，并且收到了很多的保险申请。

此时，对我冲击最大的是60多岁的人不明白20多岁、30多岁的人的想法。60多岁的人都已经经历过20多岁、30多岁的岁月，总是认为了解年轻人的想法，但实际情况并非如此。

60 多岁的人不了解 20 多岁、30 多岁的人的想法

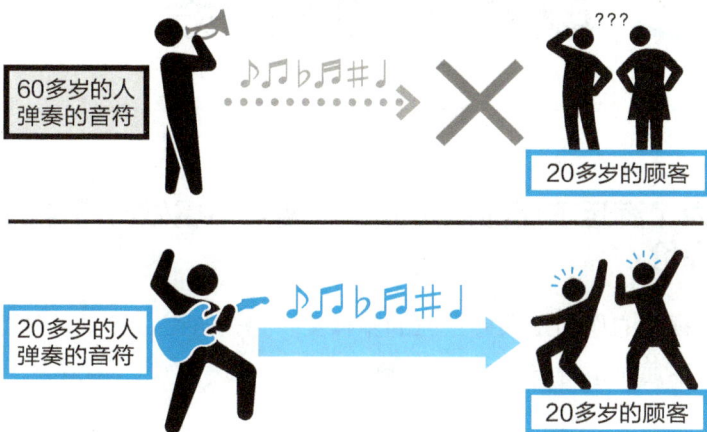

60多岁的人弹奏的音符

20多岁的顾客

20多岁的人弹奏的音符

20多岁的顾客

年轻人及女性可以弥补领导头脑中欠缺的音符，不妨把任务布置给他们。

希望大家谨记
出口治明的
建议！

如果LifeNet人寿保险株式会社以60多岁的人为目标，那么我肯定会想出好方法。但是，公司要向20多岁、30多岁的人销售产品时，安排相同年龄层次的人员完成工作肯定会更好。为什么呢？因为每一代人都弹奏不同的音符。

㉓ 既然接受任务，那就争取做到完成任务

为了满足下属的认可需求，要对下属做出肯定的评价

领导的作用是保持企业的多样性。另一方面，接受任务的一方（下属）也具有以下3个优势。

1. 存在价值获得认可，激发干劲

人类存在认可需求（想被别人认可的心理），当认可需求得到满足时，会激发干劲且心情愉悦、精神振奋。

所谓被布置任务，换言之，就是得到了领导的信任、认可、尊重。所以，其积极性会得到大幅提升。

为了满足下属的认可需求，要对下属做出肯定的评价。简单来说，那就是多鼓励。

工作达到60分即合格，那么对不能做到的40分也就不再苛求。如果训斥下属为什么不能拿到100分，下属就会变得唯唯诺诺，丧失干劲。

通常认为，对于某一员工来说，如果鼓励和训斥的比例不能保持在3∶1，那么其将不能保持积极的心情。这个理论称为"洛萨达法则"，是由数学家马歇尔·洛萨达提出的。

为了满足认可需求，需要做出肯定的评价

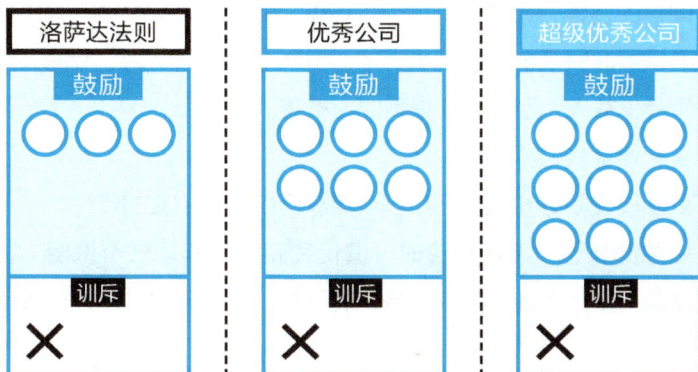

洛萨达法则	优秀公司	超级优秀公司
鼓励	鼓励	鼓励
○○○	○○○	○○○
	○○○	○○○
		○○○
训斥	训斥	训斥
✕	✕	✕

鼓励等同于尊重，并发送肯定的信号

在优秀企业中，会按 6：1 的比例鼓励下属（接受任务的员工）；在非常优秀的公司，会按照 9：1 的比例鼓励下属。

有人认为不能鼓励水平较差的员工，这种理解很肤浅。在走廊遇到时相视一笑，或是问候一声"还好吗"，也是一种鼓励。洛萨达法则的本质含义是尊重每一个人并通过某种方式传达给对方。

接受领导布置的任务，下属自然会成长，也会增强责任感

2. 不断成长

如果挑战更高层次的任务，视野必将得到扩展。

正像"职务造就人"所言，当登攀到更高的地方时，会加倍努力以不辜负期望，自然会不断成长。并不是说因为你能干所以才将任务

布置给你，顺序正好是相反的。应该是领导将任务布置给了你，所以你得到了锻炼、成长。

　　同样的道理，还有一个"少数精英"的说法。这个说法在大多数情况下是指汇聚了少数的精英人才。但我却不这么认为。我的看法是正因为是少数人，所以才不得不成为精英。

3．增强责任感

　　只要接受领导布置的任务，就要承担权限内相应的责任。

　　如果部长说"下周开会时，请代我就某某事项做个说明"，那下属只能义无反顾地去完成任务，而不能因为当天没准备好就请假不上班。

　　权限和责任相辅相成（成对）。既然领导将任务布置给了你，你就要将任务尽责到底。所谓责任感是指无论何时都应竭尽全力。

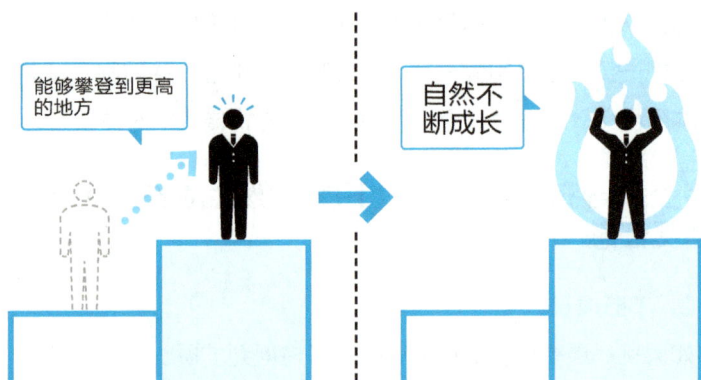

能够将任务布置给下属，下属自然会成长

能够攀登到更高的地方

自然不断成长

不是说等到下属成长起来，而是将任务布置给下属后，下属获得成长

接受布置的任务后，承担权限内相应的责任

将这个任务布置给你了啊!

好的!明白了!

权限

责任

我会努力工作，绝不辜负您的期望!

权限

责任

工作坚持到底, 培养责任感

成为能干的领导

布置任务的方法 POINT

1 下属接受布置的任务，干劲十足

2 下属攀登到更高的地方，自然不断成长

3 下属接受布置的任务后，会承担责任，随之也会培养出责任感

㉔ 好恶、怒气——不可过于感情用事

调整情绪时，需要使身体保持最佳状态

　　人是具有感情的动物，喜怒哀乐溢于言表实属无奈。但是，领导要尽可能控制情绪波动。

　　尤其要做到不过分地将好恶、怒气表现出来。

　　人类大脑过于激烈的好恶活动，具有转换事实的作用，它可以让我们只看或只想看自己想看的东西。其结果是，将自己的爱好、嗜好带入工作中，或远离与自己不能默契配合的人员。

　　但是，如果排除讨厌的人及与自己不能默契配合的人，则组织会出现同质化现象，从而丧失多样性。

　　公司是以营利为目的的。即使下属中有人不能与自己默契配合，为了公司的利益，也必须认真倾听这个下属的意见。

控制情绪很重要

1 始终保持情绪稳定

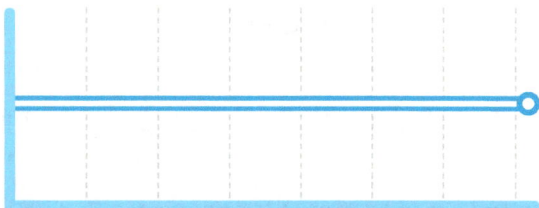

2 情绪波动 （立刻可以看出喜怒哀乐）

3 情绪波动强烈

话虽如此，我自己却是一个好恶鲜明的人。即使这样，我还是认为不应该对事物带有先入为主的感情色彩。既然已经将任务布置给了下属，无论对怎样的下属，都应该敞开心扉，致力于实事求是地做出判断。

对于怒气，也应该尽最大努力来克制。

领导具有人事处理权，即使只是坐在那里，也会给人施加不小的压力。正如洛萨达法则所证明的那样，没有员工会挨了批评还心花怒放。

以我的经验而言，在控制发怒的情绪时，以下2个方法效果最为明显。

① 调整到最佳身体状态

身体状态不好时，情绪也容易变得喜怒无常，因此要好好休息，合理膳食。

② 深呼吸

当听到对方说无法完成任务时，领导很容易火冒三丈，话不投机。这时要深呼吸，将嘴边的话咽回去。如果能做到深呼吸，会在深呼吸期间对想法进行整理，从而避免感情用事导致的不当言论。

无论如何也无法控制怒气时

对于无论如何也无法控制自己的怒气的人，还有最后一张王牌，那就是不再控制自己的怒气，让人很容易知道你在想什么，将自己的喜怒哀乐溢于言表。

我在日本人寿保险互助公司就职时就属于这种类型。

当时，我被我的部下称为"可以轻松战胜的领导"。为什么说"可以轻松战胜"？因为我的喜怒哀乐会在脸上立刻表现出来。

人们说"出口先生要么是在发怒，要么是高兴。所以，在你高兴时给你说什么都很容易解决，在你发怒时不会对你讲麻烦的话题。所以出口先生是容易战胜的人"。

如果无法控制自己的情绪波动，那么情绪就会很容易流露出来。领导如果做到了"在考虑什么，下属很容易看出来"，那么下属也很容易和你沟通交流。

既然已将任务布置给下属，那么无论面对怎样的下属，都要向其敞开心扉！

希望大家谨记
出口治明的
建议！

如果无法控制情绪，就将情绪表现出来

发怒时

领导好像发火了

不要和他说什么

高兴时

领导很高兴

去找他谈吧！

25 将人才的招聘委托给业务一线的团队

> **如果业务一线有人事处理权，将更有助于团队合作**

我在日本LifeNet人寿保险株式会社工作时，认为团队合作就是企业的生命，因此在录用员工时非常尊重业务一线的意见。

例如，业内通常规定"在人寿保险公司中审查新合同的员工要由具有3年以上审查经验的员工担任"，当公司从具有这一资格的人员中选拔一名员工后，原则上就是让最终用人部门的团队再进行选择。

我只需查看一下其人是否诚实可信、是不是表里如一，而且仅供参考。

如果品性没有问题，录用哪个人的问题全权委托给一线员工判断。

如果CEO和COO拥有严格的人事处理权，则只会聚集与"自己合得来的人""阿谀奉承的人"，很难培养团队的多样性。

所以，录用员工时的基本原则是，CEO和COO不干涉员工的录用，而是全权委托给业务一线人员。最好各个层面的人都来观察一下。录用员工时，把权限委托给业务一线人员更能培养团队精神。

录用员工时，最好将人事处理权交给业务一线

✕ 如果由 CEO、COO 来录用员工，则只会聚集一些相同类型的人员

录取他们吧

CEO　COO

◎ 由用人部门的团队录用员工才能增强多样性

录用公司内没有的类型吧

用人部门的团队

团队录用与自己意见不同的人

风险投资企业如果计划今后促进企业多样性发展，那么录用与自己意见不同的员工、公司内部欠缺类型的员工、特殊类型的员工，是最好的捷径。

拿风险投资企业来说，如果是20多岁的员工活跃在不同岗位，那么可以录用一些40多岁的员工试试；如果只是男性为主的岗位，那么录用一些女性也是不错的方法。

如果想尽快地、大踏步地增强企业内部活力，同样地，也是录用与自己意见不同的员工、公司内部欠缺类型的员工、特殊类型的员工比较好。

仅凭一个人无法进行战斗。通过录用不同类型的员工还有可能

把现有员工拉拢到一起，从而提高公司的凝聚力。

根据企业规模的不同，尽可能一次录用4~5人，创建一个由不同个性员工组成的团队。

例如，以前在报纸上曾经看到，Temp Staff公司依靠人力资源派遣，用由不同个性员工组成的团队的力量强力推行改革。

Temp Staff公司原本只有女性员工。

创业者蓧原欣子女士感觉到女性团队的强项在于防守，但在开拓性方面比较薄弱，于是从1986年开始录用男性员工。

不久，想守住现有权限的女性员工和期望改革的男性员工之间不断发生冲突。据说，7名男性员工将写有"不接受我们的要求我们就辞职"的血书送交蓧原欣子女士，她满足了这些男性员工的要求。

结果，该公司的改革取得了很大的成功。其原因就是，以团队形式录用男性员工，创建了具有战斗力的团队。

如果当初只录用了1名男性员工，无论这个人多么强大，可能也不会达到改革的目的。

成为能干的领导

布置任务的方法 POINT

1 录用员工时，不由 CEO、COO 决定，而是委托业务一线

2 录用与自己意见不同的员工、公司内部欠缺类型的员工、特殊类型的员工

3 为了增强公司内部的活力,以团队形式录用特殊的员工

由特殊的员工组成的团队促进改革

1 以团队形式录用特殊的员工

新录用员工　→录用

现有员工

2 将新录用员工与现有员工安排到一起

新录用员工

现有员工

3 暂时引发冲突

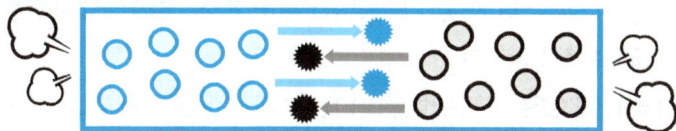

4 增强了活力, 形成了富有战斗力的团队

㉖ 糕点房的糕点最好吃（术业有专攻）—— 有时需要将任务布置给专业人士

将自己不擅长的任务布置给专业人士，自己致力于擅长的业务

有句俗语叫"糕点房的糕点最好吃"，其含义是术业有专攻。任何行业都有专业人士，将任务布置给专业人士是最好的途径。

在风险投资企业的创业者中，很多人经常苦恼于不知道怎样和银行进行交涉。这时候，在录用社会员工时，最好的办法便是从人才市场中找到以前在银行工作过的员工。

如果时间充足，那么也可以自己学着和银行进行交涉。但是，时间是有限的。如果在不擅长的方面花费过多的时间，在擅长的方面所分到的时间就会大打折扣。经营上常讲速度就是生命。在学习不擅长的业务、短板业务期间，市场机会将转瞬即逝。

如果想提高经营速度，最好的办法就是将自己不擅长的任务布置给专业人士，将自己的时间用于自己最擅长的任务上。

有时特意将任务布置给外行

刚才讲过了"糕点房的糕点最好吃"（术业有专攻），所以最好将任务布置给专业人士。但有时也有例外，如果不想束缚于业界常识或想从消费者的角度考虑问题，则特意将任务布置给外行比较好。

在我创建LifeNet人寿保险株式会社时，我录用了年轻又对人寿保险毫无知识储备的员工（岩濑大辅），也正是考虑其能够从消费者的角度看待问题。

当然，我也从原来工作的日本人寿保险互助公司带来了脾气秉性相投的同事。但是，这些老员工局限于人寿保险常规，不能期望他们取得大的飞跃。

如果想提高经营的速度……

✕ 自己一个人想完成所有的任务	◎ 只专注于自己擅长的任务，除此之外全部布置给其他人
晕晕乎乎 与银行交涉 市场 开发 营业 慢吞吞 踉踉跄跄 速度减缓！	这些工作就拜托你了啊 市场 速度提高！ 营业 开发 与银行交涉

通过将任务布置给别人，可以提高工作效率

在LifeNet人寿保险株式会社中，原则上不需要在报销医疗保险时提供相关的医生诊断证明。提出取消医生诊断证明建议的也是年轻员工。

2008年，医疗机构的票据（收费明细）相关制度发生了变化。其规定要在票据上详细写明诊断内容，因此只要查看票据和收费明细，就可以知道检查名称和诊疗报酬点数。

获取这个消息的年轻员工认为，既然已经可以详细知道诊疗内容，就没有必要再去让医生出诊断证明了吧？于是提出了取消诊断证明的建议。

如果LifeNet人寿保险株式会社中只是汇聚了很多人寿保险业界的专业老员工，是不会诞生这样的创意的。

经营上常讲速度就是生命。
最好的方法是，将自己的时间用于最擅长的工作。

希望大家谨记
出口治明的
建议！

这样一来，不仅实现了便捷报销，无需再花费开具诊断证明的费用，还大幅缩短了报销的等待时间。

将任务布置给非专业人士、不受业界习惯束缚的年轻人，其结果就是能够诞生不拘泥于常规的新创意。

将任务布置给专业人士和新手时

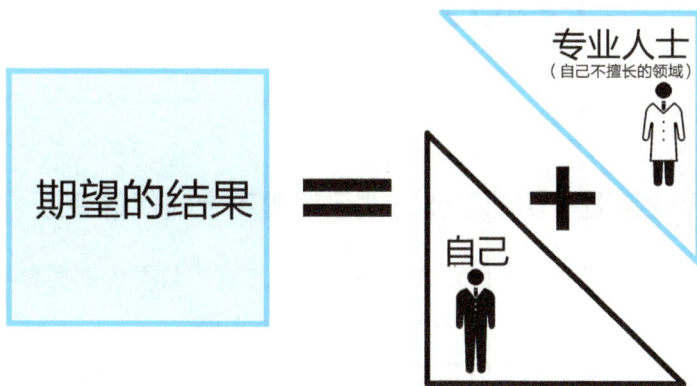

布置给专业人士时

期望的结果 $=$ 自己 $+$ 专业人士（自己不擅长的领域）

布置给新手时

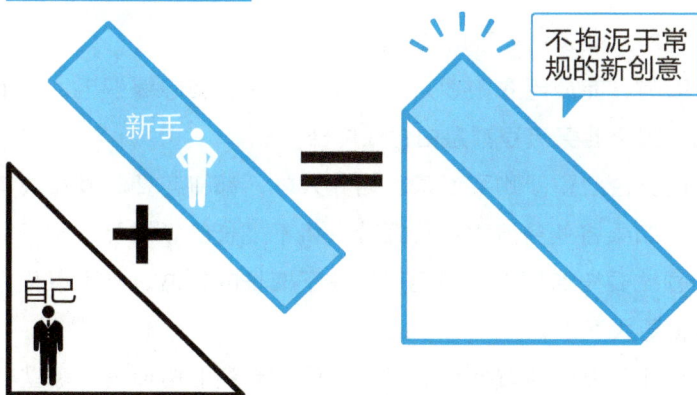

新手 $+$ 自己 $=$ 不拘泥于常规的新创意

㉗ 将自己的核心竞争力留下，除此之外全部外包出去

企业包揽一切的工作方式已经跟不上时代的变迁

企业如果还是采用包办一切的工作方式（公司内部拥有与业务相关的所有资源），将很难推进事业的发展。

企业如果计划由自己包办一切，无论在成本方面还是速度方面，都无法跟上社会的趋势。

因此，将部分业务外包给其他企业（外部专业企业）也是方法之一。

例如，服装企业考虑发售新款毛衣。

以前，完成毛衣策划方案、设计毛衣、实际编织毛衣、销售成品等整个业务流程都是由企业内部完成。

自己企业重新购买设备、培养人才，都将花费时间和成本。但是，如果将业务流程进行细分，将不擅长的领域及发展不够充分的领域委托给外部，自己只专注于擅长的领域，则可以集中优势获得更大发展。

将业务外包给其他企业时，需要判断将业务流程的哪些部分外包给其他企业。

不将公司的核心竞争力外包出去

上游	
商品策划	核心竞争力

中游	
制造生产线	外包

下游	
销售	核心竞争力

判断标准之一便是成本。考虑与自己企业处理时相比，哪些方面有望降低成本。

另一个标准是核心竞争力。对于企业而言，不能将附加值最高的部分外包给其他企业。

对于制造企业而言，附加值最高的部分一般是业务流程的上游和下游。以毛衣企业为例进行说明，上游发售什么样的毛衣（商品策划）和下游的销售成品（销售）附加值最高。相对而言，中间的毛衣编织附加值并不高。

因此，基本的考虑方法是，企业保留最可以提供价值的部分（核心竞争力），将不擅长的领域、不能创造价值的部分外包给其他企业。

将外包企业视为本企业员工，同等对待

我认为，应将外包企业视为本企业员工，同等对待。

与录用员工时需要进行面试一样，在确定外包企业时，也需要与对方公司总经理进行长时间的面谈，确认能否构建信任关系。

如果是我，无论是选择员工还是外包企业，都是在选择可以共享理念的员工。进一步讲，外包企业与员工的区别只是雇用形式的不同。

另外，将业务外包给外部企业时，也必须像对待员工那样切实进行管理。必要时进行监察，使其时刻不能有所松懈。

无论对方是员工还是外包企业，为了实现自己无法实现的业务内容，都需要极其重视外包什么、如何进行外包。

与外包企业共享理念

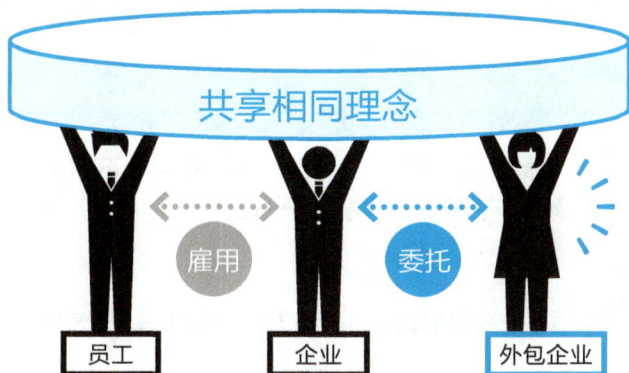

共享相同理念

雇用

委托

员工　　企业　　外包企业

外包企业与员工的区别只在于雇用形式

━━ 成为能干的领导 ━━

工作委派方法 POINT

1 现代企业需要将部分业务外包给其他企业

2 外包的判断标准是成本和核心竞争力

3 选择外包企业时要选择能共享理念的合作方

依靠领导力量,
切实提高团队实力

总结

1 通过将任务布置给可以弥补领导头脑中欠缺音符的员工,实现多样性

2 下属接受委派的工作时,如果获得认可将激发出干劲,并不断成长,增强责任感

3 领导控制情绪波动,不过分地将好恶、怒气表现出来

4 录用员工时,将人事处理权交给业务一线,更有助于团队合作

5 为了更快、更好地增强公司内部的活力,以团队形式录用特殊的人员

6 将自己不擅长的任务布置给专业人士,将自己的时间用于擅长的任务

7 将业务外包给其他企业时,判断标准是成本和核心竞争力

后记　超越性别、年龄、国籍的界限，倾听各种各样的人的意见

　　有的人可能到现在还认为自己不适合做一个管理者，那就是原日本人寿保险互助公司的常务董事森口昌司。这个人大大咧咧，特别喜欢高尔夫、麻将、喝酒，是个无拘无束的领导。

　　在日常生活中他总是迷迷糊糊，但在工作上却是一个相当能干的领导，尤其具有领导的威严。假设开科长会时，某个出席会议的科长代理做了某些发言。这时候，森口先生会断喝道："这是科长的意见还是你的意见？你回去好好问一下科长的意见，如果没有全权委任的委任状，那就不能说是代理。如果是你个人的意见，那你还是不要说了！"从公司的权限等级角度而言，他的发言是正确的。

　　但我还没有达到森口先生那样的境界。为了将LifeNet人寿保险株式会社建设成为100年以后位居世界前列的保险公司，今后我要超越性别、年龄、国籍的界限，倾听各种各样的人的意见。

　　60多岁的我无法实现多样性，只有确保实现企业内部的多样性，才能适应全球化社会的需求。

　　感谢您在百忙之中抽出时间阅读拙著！